3033158

CW00920500

Cynnwys

4

7

39

81

111

141

169

195

229

Dylid dychwelyd neu adnewyddu'r llyfr erbyn neu cyn y dyddiad a nodir uchod. Oni wneir hyn codir dirwy.
This book is to be returned or renewed on or before the last date stamped above, otherwise a charge will be made.

Gwasanaeth Llyfrgelloedd Rhondda Cynon Taf
Rhondda Cynon Taf Library Service

Pennod 8:
10 peth y gallwch eu gwneud i deimlo'n hapusach yn syth bìn.

Cyflwyniad

Croeso i Byw Bywyd i'r Eithaf.

Yr Athro Chris Williams ydw i, meddyg sy'n gweithio ym maes iechyd meddwl a lles yn Glasgow. Dwi wedi treulio'r 20 mlynedd diwethaf yn ystyried ffyrdd o helpu pobl i wella eu bywydau.

Mae pob un ohonon ni'n gallu teimlo'n isel neu wedi cael digon, yn ofidus neu dan straen, neu'n teimlo nad ydyn ni'n ddigon da. Fodd bynnag, mae yna bethau y gallwch chi eu gwneud i gyflwyno newidiadau cadarnhaol i'r meysydd hyn. Mae hefyd yn golygu ailddarganfod pethau rydych chi eisoes yn eu gwneud sy'n llesol i chi – a sut i'w cynnwys a'u meithrin yn eich bywyd.

Dwi'n gweithio gan ddefnyddio triniaeth siarad o'r enw therapi ymddygiad gwybyddol – neu CBT (*cognitive behavioural therapy*). Mae'n cael ei gynnig yn aml er mwyn helpu pobl sy'n isel neu dan straen. Gall helpu i osgoi'r problemau yma rhag datblygu yn y lle cyntaf. Oherwydd hyn, mae'n cael ei gynnig fwyfwy fel ffordd o helpu pobl i ddysgu sgiliau allweddol a all roi ymdeimlad cynyddol o reolaeth iddyn nhw ar y ffordd maen nhw'n teimlo ac yn ymateb. Sgiliau am oes yw'r rhain.

Mae'r cwrs hwn ar ffurf cyfres o benodau ac yn gysylltiedig â modiwlau cwrs AR-LEIN AM DDIM sy'n aml yn cael eu dysgu mewn ystafelloedd dosbarth gan hyfforddwyr sy'n gweithio mewn lleoliadau iechyd, gofal cymdeithasol neu wirfoddol. Mae'r dosbarthiadau wedi'u gwerthuso fel rhan o waith ymchwil, a ddangosodd fod y cwrs yn gwella problemau hwyliau isel a gorbryder.

Dwi'n credu'n gryf y gall sgiliau fel hyn wneud byd o wahaniaeth i fywydau unrhyw un ohonon ni. Does dim atebion cyflym, ac mae angen tipyn o ymarfer i ddefnyddio'r sgiliau'n iawn – ond pwy fyddai ddim am ddysgu sut i fod yn fwy pwyllog, yn fwy hyderus ac mewn rheolaeth, yn hapusach ac yn rhywun mae eraill yn troi ato neu ati am atebion?

Rhagor o wybodaeth: www.llttf.com

Gwybodaeth i addysgwyr ac ymarferwyr: www.fiveareas.com

Adnoddau i blant a phobl ifanc: www.WeEatElephants.com (5–12 oed) www.llttfyp.com (13–18 oed).

Os oes arnoch angen cymorth pellach: Gofynnwch i rywun – cydweithiwr, cymydog, meddyg, ffrind neu berthynas y gallwch ymddiried ynddo. Mynnwch gymorth. Peidiwch â diodde'n dawel.

Wrth i chi ddarllen y llyfr hwn, gallwch argraffu copïau o unrhyw daflenni gwaith cysylltiedig o www.llttf.com er mwyn ymarfer y sgiliau rydych chi'n eu dysgu (cofrestru am ddim). Chwiliwch am y BOTWM hwn i weld yr adnoddau am ddim.

taflen
ar y wefan
www.llttf.com

Cyflwyniad i Bennod 1

Rydyn ni i gyd yn teimlo'n hapus o bryd i'w gilydd – yn falch, yn llawen hyd yn oed. Mae'n deimlad gwych, on'd yw e?

Ond weithiau, rydyn ni'n teimlo'n wael. Yn benisel, yn bruddglwyfus, dan straen, yn orbryderus, yn llawn panig, yn flin neu'n teimlo cywilydd.

Oeddech chi'n gwybod ein bod ni'n teimlo fel hyn am reswm? Dyna yw diben y bennod hon. Mae'n darparu'r allwedd i'ch helpu i ddeall eich hun a sut rydych chi'n teimlo.

Ydych chi erioed wedi cael annwyd trwm? Trwyn yn rhedeg, dolur gwddf, llygaid yn cosi, peswch cas, a'ch corff yn brifo drosto. Mae'r hyn a deimlwn yn ein cyrff hefyd yn effeithio ar ein teimladau emosiynol, ein meddyliau, ac ar sut rydyn ni'n ymateb ac yn ymwneud ag eraill. Felly, pan fydd gennym ni annwyd, fe all ein hemosiynau deimlo'n ddiymadferth a byddwn yn methu mwynhau'r pethau rydyn ni fel arfer yn eu mwynhau. Gall fod yn anoddach i ni feddwl yn iawn am bethau, rhoi sgwrs mewn dosbarth, neu wneud penderfyniadau pwysig. Os ydyn ni'n teimlo'n sâl, efallai y gwelwn ein bod yn gwisgo dillad gwahanol gartref, neu'n bwyta neu yfed bwydydd gwahanol. Hwyrach y byddwn ni'n ymwneud â phobl yn wahanol hefyd – gan bwysleisio pa mor sâl ydyn ni.

Mae hyn yn profi pwynt pwysig – sef bod ein cyrff, ein meddyliau a'n gweithredoedd, yn ogystal â'r hyn sy'n digwydd o'n cwmpas ni, yn effeithio ar sut rydyn ni'n teimlo.

Bydd y bennod hon yn eich helpu i ddarganfod beth sy'n gweithio i chi – a sut gallwch chi gael ymdeimlad o reolaeth dros sut rydych chi'n teimlo ac yn ymddwyn. Allwch chi ddim newid yr hyn nad ydych chi'n ei wybod – ac erbyn diwedd y bennod hon, byddwch yn gwybod llawer mwy am yr hyn sy'n gwneud i chi deimlo'n dda – neu'n wael.

Pennod 1

DEALL
EICH TEIMLADAU

(Pam dwi'n teimlo mor wael?)

MAE RHYWUN AGOS
YN SÂL IAWN
Mae fy ffrindiau'n fy nghasáu i
CEFAIS FY NHWYLLO
Fy ffrin
gorau'n f
anwybydd
Wedi colli fy swydd
Dwi'n sâl
Methu'r arholiad
AR F
MHEN F
HUN YN
LLWYR
HEB ARIAN
Colli fy lle yn y tîm
WEDI CAEL FY MEIRNIADU
Caei fy mwlio
Neb i siarad ag e
Gormod i'w wneud

Rydych chi'n teimlo'n wael oherwydd eich bod chi mewn cylch cythreulig

Mae'r pethau sy'n digwydd i chi'n effeithio ar sut rydych chi'n teimlo. Fel y pethau ar y dudalen gyferbyn. Mae'r pethau hynny i gyd y tu allan i chi. Weithiau, fe allwch chi newid pethau sy'n digwydd y tu allan i'ch bywyd ond, yn aml, allwch chi ddim gwneud fawr ddim ynglŷn â nhw.

A phan fyddwch chi'n gadael iddyn nhw effeithio ar eich hwyliau chi, mae'r cylch cythreulig yn cael ei danio ac rydych chi'n teimlo'n waeth ac yn waeth…

Mae cylchoedd cythreulig yn troelli trwy effeithio ar bum rhan o'ch bywyd.

Trowch drosodd i weld sut mae'n gweithio

Anghofiais ben-blwydd fy chwaer
MAE RHYWUN AGOS YN SÂL IAWN
Mae fy ffrindiau'n fy nghasáu i
CEFAIS FY NHWYLLO
Fy ffrin gorau'n anwybydd
Wedi colli fy swydd
MEDDWL YN WAHANOL
Dwi'n sâl
DWI'N DDA I DDIM
Methu'r arholiad
AR F MHEN F HUN YN LLWYR
Colli fy lle yn y tîm
HEB ARIAN
WEDI CAEL FY MEIRNIADU
Neb i siarad ag e
Gormod i'w wneud
Cael fy mwlio

Yn gyntaf, mae digwyddiad allanol yn effeithio arnoch chi

Pan fydd rhywbeth yn digwydd, rydych chi'n naturiol yn sylwi arno ac yn meddwl amdano. Os ydych chi'n anghofio pen-blwydd eich chwaer, er enghraifft, efallai'ch bod yn meddwl "dwi'n dda i ddim". **Meddwl yn wahanol** yw hyn.

Gall meddwl yn wahanol greu cyfres o ymatebion ynoch sy'n effeithio ar sut rydych chi'n teimlo a beth rydych chi'n ei wneud.

Pan fyddwch yn meddwl yn wahanol mewn ffordd negyddol (fel "dwi'n dda i ddim"), bydd yn sbarduno'r cylch cythreulig sy'n gwneud i chi deimlo'n benisel iawn, heb unrhyw awydd codi o'r gwely, a gall wneud i chi deimlo'n sâl hyd yn oed.

Gadewch i ni weld y
Cylch Cythreulig ar waith

11

Anghofiais ben-blwydd fy chwaer
MAE RHYWUN AGOS YN SÂL IAWN
Mae fy ffrindiau'n fy nghasáu i
CEFAIS FY NHWYLLO
Fy ffrind gorau'n f anwybydd
Wedi colli fy swydd
MEDDWL YN WAHANOL
TEIMLO'N WAHANOL
Dwi'n sâl
DWI'N TEIMLO'N EUOG
Methu'r arholiad
AR FY MHEN F HUN YN LLWYR
HEB ARIAN
Colli fy lle yn y tîm
WEDI CAEL FY MEIRNIADU
Caei fy mwlio
Neb i siarad ag e
Gormod i'w wneud

Mae meddwl yn wahanol yn arwain at deimlo'n wahanol

Os ydych chi'n meddwl "dwi'n dda i ddim", rydych chi'n mynd i deimlo'n reit isel, trist neu euog.

Efallai'ch bod yn teimlo fel petaech wedi siomi eich chwaer, neu'n teimlo'n euog am beidio â bod yn ddigon trefnus.

Felly beth nesaf?

13

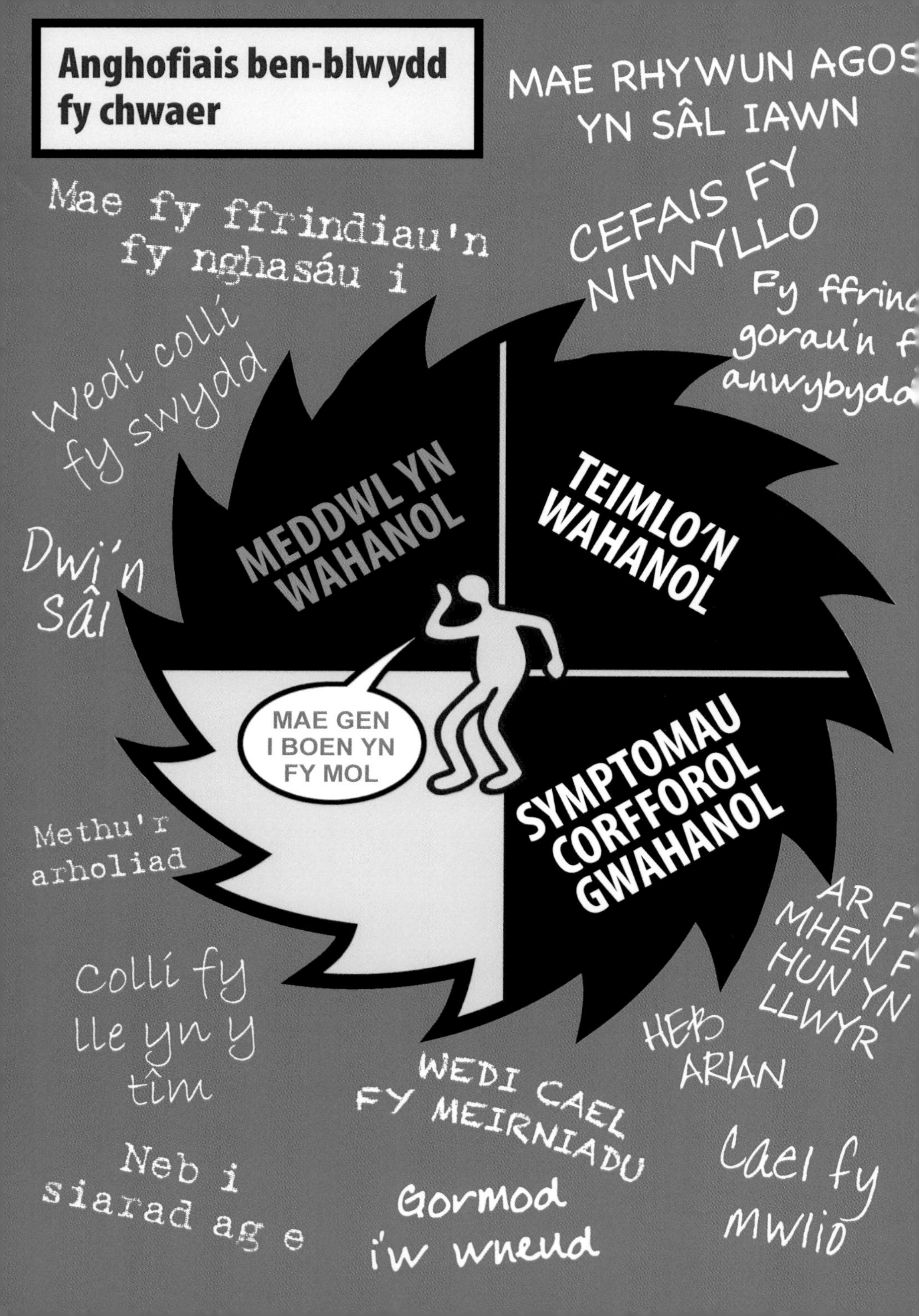

Mae meddwl yn wahanol yn arwain at symptomau corfforol gwahanol

Pan fyddwch chi'n teimlo'n isel neu'n euog, gallwch ddechrau teimlo'n chwyslyd ac yn llawn tyndra, a chael cur pen neu boen bol. Weithiau gallwch deimlo'n flinedig dros ben.

Hwyrach y bydd eich dwylo'n teimlo'n oer a llaith, neu efallai y byddwch yn teimlo ar bigau'r drain ac yn aflonydd.

Ydych chi erioed wedi teimlo'ch calon yn suddo neu'n curo fel gordd? Efallai mai'r hen gylch cythreulig yna sy'n troelli!

Beth nesaf?

Anghofiais ben-blwydd fy chwaer

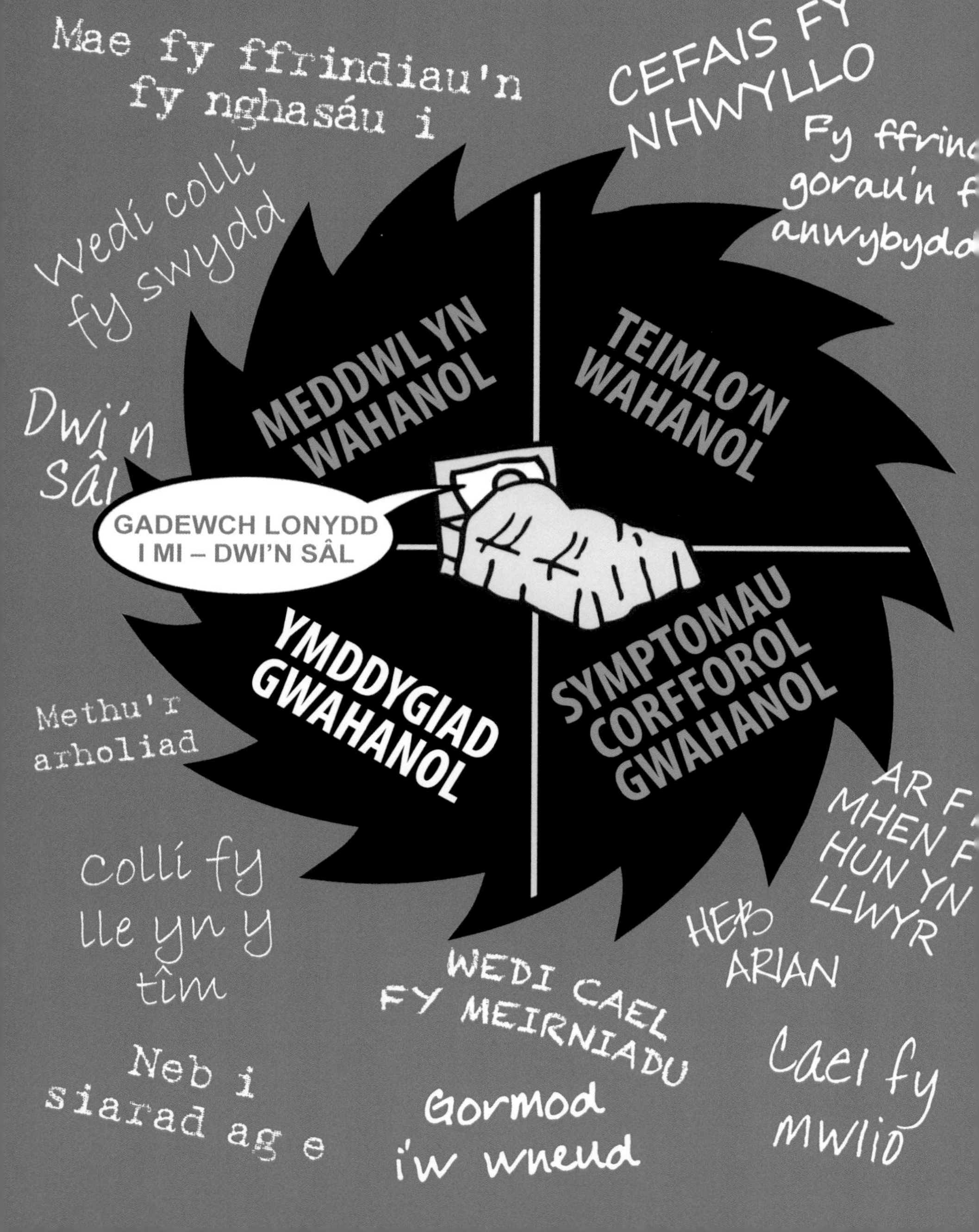

Mae symptomau corfforol gwahanol yn arwain at ymddygiad gwahanol

Mae'n gwbl naturiol. Rydych chi wedi blino'n lân, mae gennych chi gur pen, neu efallai'ch bod yn teimlo ar bigau'r drain, felly does gennych chi ddim awydd gadael y tŷ – na chodi o'r gwely hyd yn oed. Rydych chi'n osgoi pobl a allai ofyn a wnaethoch chi anfon cerdyn neu anrheg at eich chwaer. Rydych chi'n aros i mewn a phrin yn gwneud unrhyw ymarfer corff. Dydych chi ddim yn bwyta'n iawn, ac mae'n teimlo fel petaech chi'n dal pob annwyd ac aflwydd dan haul.

Rydych chi hyd yn oed yn mynd at y meddyg ac yn gofyn pam na allwch chi gael gwared ar yr hen feirws yna sydd wedi bod yn eich poeni ers wythnosau.

Wyddoch beth sy'n digwydd wedyn? Mae'r cylch yn troelli eto, ond y tro yma rydych chi eisoes yn sâl, yn aros yn y gwely ac wedi cael digon, ac felly mae pethau'n mynd o ddrwg i waeth.

Hen gythreuliaid bach yw'r cylchoedd hyn. Dyna pam mae hi mor bwysig meddwl sut mae'ch hwyliau yn effeithio ar y pum maes bywyd (digwyddiadau allanol, meddyliau, teimladau, symptomau corfforol ac ymddygiad).

Nawr beth amdanoch chi?

ASESU PUM MAES EICH BYWYD CHI

Rydych chi wedi gweld sut gallech chi ymateb petaech chi'n anghofio pen-blwydd eich chwaer. Ydych chi'n disgyn i gylchoedd cythreulig eraill o bryd i'w gilydd?

Dyma sut gallwch chi chwarae ditectif ac ymchwilio i'r modd mae'r cylch cythreulig yn effeithio arnoch chi.

Meddyliwch am gyfnod diweddar pan oeddech chi'n teimlo'n wael. Peidiwch â dewis cyfnod hynod ofidus na llawn trallod. Yn hytrach, dewiswch sefyllfa pan oeddech chi'n teimlo braidd yn isel, wedi cael digon, yn flin, dan straen, yn ofnus, rhwystredig, euog, yn teimlo cywilydd, yn flinedig, neu mewn poen.

Nawr, defnyddiwch y ddwy dudalen nesaf i nodi eich ymateb.

Beiro'n barod?

Mae'n bryd gweld y cylch cythreulig hwnnw!

FY MHUM MAES ASESU

Disgrifiwch y sefyllfa:

Meddwl
yn wahanol

Fy meddyliau:

Ymddwyn
yn wahanol

Fy ymddygiad:

Teimlo'n wahanol

Fy nheimladau:

Teimladau corfforol gwahanol

Fy nghorff:

EICH CYLCH CYTHREULIG

Wnaethoch chi ddisgyn i gylch cythreulig?

Os oeddech chi'n teimlo'n wael, mwy na thebyg fod y cylch cythreulig yn troelli. Beth oedd y digwyddiad allanol hwnnw – unigolyn neu sefyllfa anodd? Oedd eich ffordd o feddwl yn effeithio ar sut roeddech chi'n teimlo – o ran eich meddyliau a'ch teimladau corfforol? Pa effaith gafodd hyn ar beth wnaethoch chi?

Oedd unrhyw beth yn edrych yn gyfarwydd? Mae patrymau meddwl, teimladau neu ymateb y corff yn gallu eu hailadrodd eu hunain dro ar ôl tro. Wnaeth y cylch ddechrau troelli a gwneud i chi deimlo'n waeth fyth?

Mae angen ymarfer cryn dipyn i stopio'ch cylch cythreulig rhag troelli. Os ydych chi'n teimlo'n waeth nag arfer, gall fod yn anodd torri'r cylch hwnnw.

Nawr am ychydig o newyddion *da*!

GALLWCH CHI STOPIO'R CYLCH RHAG TROELLI!

Wyddoch chi beth sy'n wych am gylchoedd?
Maen nhw'n troi'r ddwy ffordd!

Yn union fel mai dim ond un peth (sef
meddwl yn wahanol) wnaeth achosi i bopeth
arall fynd o ddrwg i waeth, gallwch ddechrau
gwella pethau trwy newid un peth.

Dim ond trwy ymddwyn yn wahanol, neu
newid eich ffordd o feddwl am rai pethau,
gallwch effeithio ar yr holl bethau eraill yn y
cylch a dechrau teimlo'n well.

Swnio'n rhy hawdd? Trowch drosodd am
enghraifft.

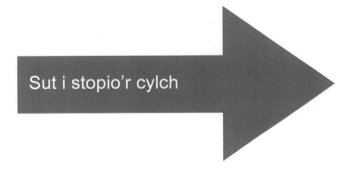

Sut i stopio'r cylch

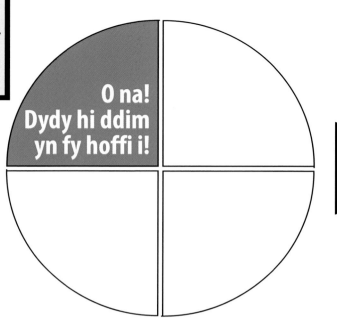

Dechrau yma

1. Rydych chi'n cerdded i lawr y stryd ac mae rhywun rydych chi'n ei adnabod yn eich anwybyddu

O na! Dydy hi ddim yn fy hoffi i!

4. Does gennych chi ddim egni, ac efallai eich bod yn methu cysgu'r noson honno wrth boeni am beth ddigwyddodd – symptomau corfforol gwahanol

O na! Dydy hi ddim yn fy hoffi i!

Dwi'n teimlo'n isel

Beth sy'n bod arna i? Dwi wedi ymlâdd

Dwi ddim eisiau gweld neb ar hyn o bryd

Nawr gadewch inni stopio'r cylch!

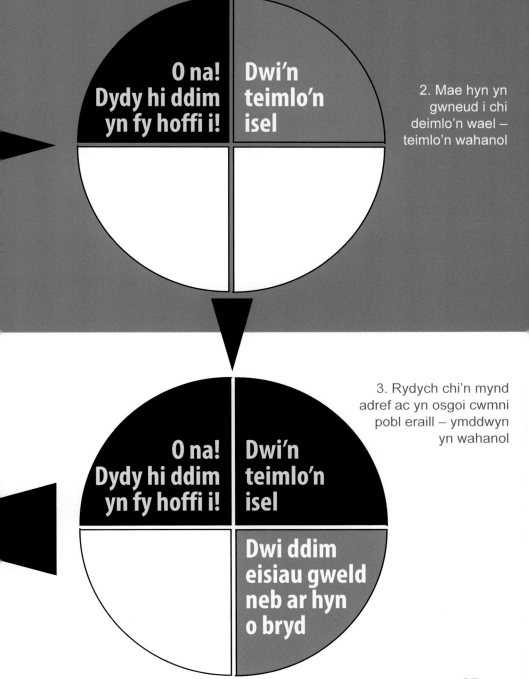

2. Mae hyn yn gwneud i chi deimlo'n wael – teimlo'n wahanol

3. Rydych chi'n mynd adref ac yn osgoi cwmni pobl eraill – ymddwyn yn wahanol

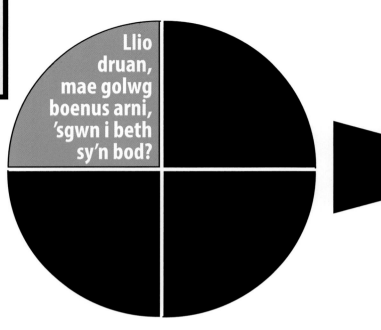

Dechrau yma

1. Rydych chi'n cerdded i lawr y stryd ac mae rhywun rydych chi'n ei adnabod yn eich anwybyddu

Llio druan, mae golwg boenus arni, 'sgwn i beth sy'n bod?

4. Rydych chi'n trefnu i gwrdd â Llio yn nes ymlaen a thrafod y pethau ymarferol y gallwch eu gwneud i helpu

Llio druan, mae golwg boenus arni, 'sgwn i beth sy'n bod?

Oes unrhyw beth alla i ei wneud?

Dwi'n teimlo'n wych, yn gryf ac effro

Dwi'n teimlo'n dda amdanaf fy hun am fy mod i'n helpu rhywun arall

Welwch chi sut mae'n gweithio?

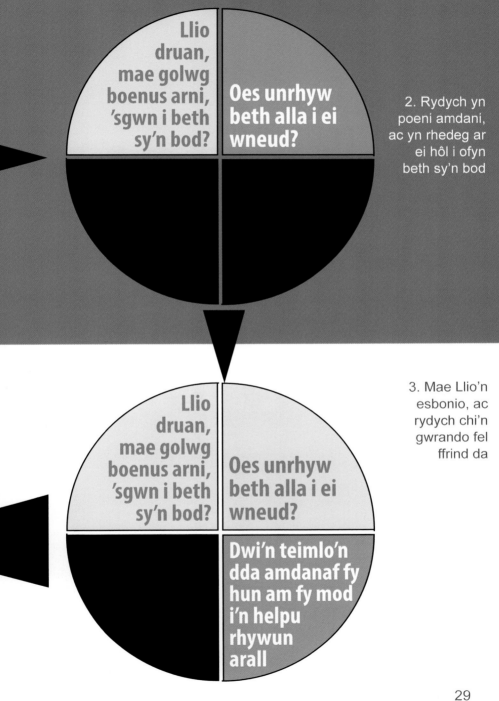

2. Rydych yn poeni amdani, ac yn rhedeg ar ei hôl i ofyn beth sy'n bod

3. Mae Llio'n esbonio, ac rydych chi'n gwrando fel ffrind da

CHI SY'N RHEOLI PETHAU

Dim ond un peth sydd angen ei newid

Gallwch chi gymryd rheolaeth a stopio'r cylch cythreulig trwy newid dim ond un peth – eich ffordd o feddwl, eich ymateb, eich gweithredoedd – unrhyw beth, fwy neu lai. A does dim rhaid iddo fod yn rhywbeth mawr!

Gallech ddechrau drwy newid y ffordd rydych chi'n ymateb. Trwy fynd allan o'r tŷ unwaith yn unig. Trwy wneud ychydig mwy o ymarfer corff. Trwy newid y ffordd rydych chi'n meddwl am bethau.

Os byddwch chi'n llwyddo i wneud rhywbeth ynghylch dim ond un peth, byddwch yn torri'r cylch cythreulig hwnnw, yn ei stopio rhag troelli ac yn dechrau teimlo'n well yn syth bìn.

Felly dyma sydd angen ei wneud. Dewis un peth bach, yna defnyddio'r daflen Cynllunio ar dudalennau 32/33 i roi'r cychwyn gorau posib i chi.

Ar ôl i chi orffen, defnyddiwch y daflen Adolygu ar dudalennau 34/35 i nodi'ch cynnydd.

Ewch ati i gynllunio!

Dim gwamalu, cynllun amdani!

Taflen Gynllunio

1. Beth ydw i'n mynd i'w wneud?

2. Pryd ydw i'n mynd i'w wneud e?

3. Pa broblemau neu anawsterau allai godi, a sut alla i eu goresgyn nhw?

taflen
ar y wefan
www.llttf.com

Ydy'r dasg dwi wedi'i chynllunio –

Yn ddefnyddiol i wella fy lles?

Ydy	Nac ydy
☐	☐

Yn benodol, fel y bydda i'n
gwybod pan fydda i wedi'i
chwblhau?

Ydy	Nac ydy
☐	☐

Yn realistig, yn ymarferol
ac yn bosib ei chyflawni?

Ydy	Nac ydy
☐	☐

Sut aeth hi?

Beth oedd eich cynllun/nod?

Gwnewch nodyn yma:

Os felly:

1. Beth weithiodd yn dda?

2. Beth oedd ddim cystal?

3. Beth ddysgoch chi yn sgil beth ddigwyddodd?

4. Sut rydych chi am ddefnyddio'r hyn ddysgoch chi?

taflen
ar y wefan
www.llttf.com

Diwrnod Adolygu

Wnaethoch chi roi cynnig arni?

Do **Naddo**

Os naddo: beth rwystrodd chi?

Pethau mewnol (wedi anghofio, dim digon o amser, osgoi'r peth, ddim yn meddwl y gallwn ei wneud e, ddim yn gweld y pwynt ac ati).

Pethau allanol (pobl eraill, problemau yn y gwaith/cartref ac ati).

Sut allech chi fynd ati'n wahanol y tro nesaf?

Y CAMAU NESAF

Defnyddiwch bum maes y cylch cythreulig i geisio deall pam rydych chi'n teimlo fel hyn. Cofiwch, nid dyna'r unig beth rydych chi wedi'i ddysgu. Rydych chi hefyd wedi dysgu rhai targedau ar gyfer newid fydd yn gwneud byd o wahaniaeth.

Pa newidiadau sydd angen i chi eu gwneud ym mhob un o'r pum maes? Ar ôl i chi ddatrys eich problem gyfredol, ewch ati i ddewis pennod arall a gweithio ar elfen arall o'ch bywyd.

Gallwch gael cyngor a chymorth ychwanegol trwy fynd trwy'r cyrsiau cyswllt am ddim yn www.llttf.com.

Ewch amdani!

Cyflwyniad i Bennod 2

Ydych chi erioed wedi deffro yn y bore a meddwl, *"Does gen i ddim amynedd gwneud dim byd!"* Rydych chi'n teimlo'n flinedig a does gennych chi fawr o awydd symud. Mae'r teimlad hwnnw'n diflannu ar ôl sawl noson dda o gwsg neu ar ôl i ni ddadebru'n raddol wrth i'r diwrnod fynd yn ei flaen. Ond beth os yw'r teimlad hwnnw'n para'n llawer hirach?

Ydych chi erioed wedi sylwi, pan fyddwch chi angen rhywfaint o help gyda rhywbeth, bod rhywun prysur yn aml yn dueddol o ymateb yn llawer cynt na rhywun heb fawr ddim ar y gweill? Mae'r unigolyn prysur hwnnw'n ymddangos fel petai ganddo fwy o egni a ffocws – a'i fod yn gallu cyflawni pethau. Ar y llaw arall, efallai y bydd unigolyn â llai ar ei blât yn gohirio pethau ac yn dweud y bydd yn helpu'n nes ymlaen. Ac mae yna wirionedd pwysig yma – lleia'n y byd wnawn ni, lleia tebygol ydyn ni o wneud unrhyw beth.

Mae hynny'n bwysig, oherwydd os ydyn ni'n mynd trwy gyfnod anodd ac yn dechrau teimlo dan straen, mewn strach neu'n benisel, mae'n hawdd iawn teimlo bod pethau'n mynd yn drech na ni ac rydyn ni'n dechrau gwneud llai a llai. Byddwn yn dechrau mynd i'n cragen, neu'n aros yn y gwely am fwy o amser. Ac mae'r cylch yn dechrau – lleia'n y byd wnawn ni, gwaetha'n y byd fyddwn ni'n teimlo, a gwaetha'n y byd fyddwn ni'n teimlo, lleia'n y byd wnawn ni.

Dyna bwyslais y bennod hon. Bydd yn eich helpu i ddysgu sut i wella'ch hwyliau trwy ddewis newid yr hyn rydych chi'n ei wneud. Mae'n nodi'r cynhwysion allweddol ar gyfer teimlo'n dda – cael trefn neu rwtîn dyddiol sy'n sicrhau cydbwysedd rhwng y pethau y *dylech* eu gwneud a'r pethau sy'n *dda* i chi eu gwneud. Mae'n eich helpu i nodi'r gweithgareddau da hynny – y pethau y gallwch chi eu gwneud er mwyn i chi deimlo'n well.

Cofiwch – chi sydd wrth y llyw.

Pennod 2

GWNEUD PETHAU SY'N GWNEUD I CHI DEIMLO'N WELL

(Does gen i ddim amynedd gwneud dim byd)

Dwi'n teimlo'n rhy sâl i wneud pethau

Mae'n rhyddhad cael aros i mewn

DWI'N FLINEDIG DRWY'R AMSER

Dwi prin yn gweld neb y dyddiau hyn

Dwi ddim hyd yn oed yn gwrando ar gerddoriaeth mwyach

DWI'N GWNEUD BETH SYDD RAID, A DIM MWY

Mae popeth yn ormod o ymdrech

Does gen i ddim egni i ddarllen y llyfr 'ma hyd yn oed

Dwi'n gwneud pethau i bawb arall, ond does gen i byth amser i mi fy hun

Wyddoch chi beth? Rydych chi mewn cylch cythreulig

Pan fyddwch chi'n teimlo'n isel, rydych chi'n dueddol o roi'r gorau i wneud pethau. Dydych chi ddim yn mynd allan mor aml, rydych chi'n osgoi gweld ffrindiau, a hyd yn oed yn stopio gwrando ar gerddoriaeth neu wylio chwaraeon.

O ganlyniad, rydych chi'n teimlo hyd yn oed yn waeth ac yn teimlo fel gwneud llai a llai. Gall ymgilio, a gwneud llai, deimlo fel rhyddhad mawr. Mae'n demtasiwn mynd i'r gwely, neu eistedd neu orweddian drwy'r dydd. Ond os ydych chi'n gwneud hyn, fe fyddwch chi'n teimlo'n stiff, yn flinedig ac wedi'ch llethu.

Fel hyn mae hi: lleia'n y byd wnewch chi, gwaetha'n y byd fyddwch chi'n teimlo, a gwaetha'n y byd fyddwch chi'n teimlo, lleia'n y byd wnewch chi. Ac mae'r cylch yn dal i droi a throi a…

Gallai pethau droi'n reit gythreulig.

Felly, beth sy'n digwydd?

1 **Mae symptomau'n gwneud pethau'n anodd.**
Teimlo'n isel, blinedig/methu cysgu.
Ofnus, wedi cael digon.
Dim awydd nac amynedd.

4 **Cyfri'r gost.**
Teimlo'n waeth, colli hyder.
Llai o bleser, cyflawni llai,
gweld ffrindiau'n llai a llai aml.
Rydych chi'n teimlo'n waeth fyth.

2 Stryffaglu i wneud pethau.

Mae popeth yn ymddangos yn anoddach/yn fwy o drafferth.

Mae pethau'n ymddangos yn ddi-bwynt/yn ddiflas.

Mae bywyd yn teimlo fel rhigol.

Mae'n braf gallu gwneud llai/osgoi pethau sy'n ymddangos yn rhy anodd.

3

Gwneud llai a llai.

Dim ond gwneud pethau hanfodol/sydd raid.

Llai a llai o amser i "chi".

Trowch drosodd i dorri'r cylch

WYDDOCH CHI BETH RYDYCH CHI NEWYDD EI WNEUD?

Rydych chi newydd dorri'r cylch

Dim ond rhywfaint o gamau cadarnhaol oedd eu hangen – sef troi'r dudalen yn yr achos yma.

Nawr, y cyfan sydd angen ei wneud yw cymryd cam bach arall, yna un arall ac un arall eto.

Pa gamau? Dyna sydd dan sylw yn y bennod hon – mae'n dangos y camau hawdd y gallwch eu cymryd er mwyn rhannu'r cylch yn ddarnau a dechrau teimlo'n well.

Mae'n golygu gwneud dewisiadau. Dewis gwneud pethau sy'n gwneud i chi deimlo'n well, yn hytrach na chuddio gan deimlo'n waeth ac yn waeth.

Mae cwestiwn pwysig i ddod

45

SUT DDIWRNOD SYDD O'CH BLAEN?

Pan fydd pethau'n teimlo'n anodd, mae'n hawdd colli'ch rwtîn blaenorol. Mae'n demtasiwn gorweddian yn y gwely am gyfnod hirach, aros ar eich traed yn hwyr y nos, neu bendwmpian am fwy o amser bob prynhawn. Yn fuan iawn, rydych chi'n colli patrwm a strwythur eich diwrnod.

Faint o'r gloch ydych chi'n codi fel arfer?

… ac yn mynd i'r gwely?

Dyma'r ddau angor sy'n cychwyn ac yn gorffen eich diwrnod. Amser bwyd yw'r angorion eraill sy'n rhannu'ch diwrnod. Felly, pryd ydych chi'n bwyta?

Brecwast

Cinio

Te/swper

Rhwng yr amserau hyn mae holl weithgareddau eraill y dydd yn digwydd – cwrdd â ffrindiau, gwneud gwaith tŷ ac ati. Mae angen i chi ailafael yn eich rwtîn unwaith eto. A dechrau cynnwys gweithgareddau rydych chi'n gwybod eu bod yn dda i chi.

Yn gyntaf, edrychwch beth rydych chi'n ei wneud nawr

Meddyliwch am ddoe

Dechreuwch drwy feddwl am y 24 awr ddiwethaf. Gwnewch nodyn o bopeth wnaethoch chi, gan gynnwys pethau fel gwisgo, cael sgwrs ffôn gyda ffrind, golchi'ch gwallt ac ati. Yna, rhowch sgôr allan o ddeg am bethau fel pleser, cyflawni ac agosatrwydd at eraill. Rydyn ni wedi llenwi'r rhai cyntaf fel enghraifft i chi.

Bydd gwneud hyn yn eich helpu i ddeall beth sy'n dda yn eich bywyd, a hefyd i sylweddoli beth sydd ar goll.

Agosatrwydd

Mae teimlo'n agos at eraill yn hollbwysig, ond pan fyddwn ni'n teimlo'n isel rydyn ni'n dueddol o guddio ac ymgilio. Os nad yw eich dyddiadur yn cynnwys digon o bethau â sgôr agosatrwydd da, bydd y bennod hon yn eich helpu i ddatrys hynny.

	Pleser	Cyflawni	Agosatrwydd at eraill
Cael sgwrs gyda Sioned ar y ffôn.	9	3	10
Glanhau fy stafell.	1	10	0

Pleser	Cyflawni	Agosatrwydd at eraill
☐	☐	☐
☐	☐	☐
☐	☐	☐
☐	☐	☐
☐	☐	☐
☐	☐	☐
☐	☐	☐
☐	☐	☐
☐	☐	☐
☐	☐	☐
☐	☐	☐
☐	☐	☐
☐	☐	☐
☐	☐	☐
☐	☐	☐

Gwiriwch eich rhestr a dewiswch y
pethau gafodd sgôr uchel ar gyfer pleser,
cyflawni ac agosatrwydd at eraill.
Gwnewch nodyn ohonyn nhw yma.

49

OES UNRHYW BETH AR GOLL O'CH DIWRNOD?

Pa bethau rydych chi wedi rhoi'r gorau iddyn nhw?

Efallai nad oedd eich diwrnod yn cynnwys yr holl bethau rydych chi'n mwynhau eu gwneud, felly edrychwch ar y rhestr isod a thicio'r rhai sy'n berthnasol i chi. Pethau yw'r rhain roeddech chi'n arfer eu mwynhau, ond nad ydych chi wedi bod â fawr o awydd eu gwneud yn ddiweddar.

Pleser

- [ ] Mwynhau chwaraeon.
- [ ] Gwrando ar gerddoriaeth.
- [ ] Gwylio ffilm.
- [ ] Mynd am dro/Cael ychydig o awyr iach.
- [ ] Canu offeryn cerdd.
- [ ] Darllen llyfr, cylchgrawn neu flog da.
- [ ] Ymarfer technegau ymlacio.
- [ ] Coginio neu bobi er mwyn pleser.

Cyflawni

- [ ] Dilyn hobi.
- [ ] Garddio/gofalu am blanhigion.
- [ ] Gwneud ymarfer corff.
- [ ] Gwneud drama.

Agosatrwydd

- [ ] Gweld eich ffrindiau.
- [ ] Gwylio'r teledu gyda ffrind.
- [ ] Ffonio neu decstio ffrindiau.
- [ ] Ymuno â dosbarth neu glwb.
- [ ] Mynd i gapel, mosg, teml neu synagog.
- [ ] Treulio amser gyda theulu.
- [ ] Helpu eraill.

Da iawn!

Nawr dewiswch weithgaredd rydych chi'n awyddus i'w wneud

DEFNYDDIWCH YR HYN DDYSGOCH CHI ER MWYN DECHRAU LLENWI'CH DIWRNOD Â PHETHAU DA

Cofiwch, y rhain yw'r pethau sy'n gwneud i chi wenu.

Un o'r rhesymau pam rydyn ni'n teimlo'n waeth wrth roi'r gorau i wneud pethau yw'r ffaith ein bod ni fel arfer yn osgoi'r union bethau rydyn ni'n eu hoffi.

Does ryfedd fod bywyd fel petai'n mynd ar i lawr drwy'r amser!

Er mwyn ailafael ynddi eto, mae angen i chi ddewis pethau da i lenwi'ch diwrnod. Ddim drwy'r amser chwaith – dim ond un peth i gychwyn. Felly, cam nesa'r cynllun yw edrych ar eich rhestr a dewis un o'r pethau sydd arni.

Dewiswch rywbeth oedd yn arfer rhoi pleser i chi, neu ymdeimlad o gyflawni. Neu rywbeth sy'n werth chweil yn eich tyb chi, neu oedd yn gwneud i chi deimlo'n agos at eraill.

Dim ond un peth i ddechrau arni.

Rhyw weithgaredd sy'n werthfawr yn eich golwg chi ac sy'n bwysig i'ch bywyd.

GWNEWCH NODYN OHONO YMA RHAG I CHI EI ANGHOFIO.

_____

_____

_____

_____

DA IAWN

Rydych chi newydd wneud nodyn o rywbeth rydych am ailafael ynddo. Rhywbeth sy'n werth codi o'r gwely ar ei gyfer.

Nawr, rydych chi'n mynd i'w wneud e

NAWR TREFNWCH PRYD RYDYCH CHI'N MYND I'W WNEUD

Beth a phryd

Meddyliwch am y gweithgaredd cyntaf rydych chi am ei wneud.

Ar y Cynllunydd Gweithgareddau ar y ddwy dudalen nesaf, nodwch *beth* rydych chi am ei wneud, a *phryd*.

Dyma'r unig weithgaredd fydd ar y cynllunydd am y tro.

Dewch o 'na, ewch ati i ysgrifennu.

Dydych chi ddim eisiau iddo fod yn unig, felly cyn bo hir fe fyddwch chi'n ychwanegu gweithgareddau eraill at y Cynllunydd Gweithgareddau.

Ond i ddechrau, gwnewch nodyn o'r canlynol yn unig:
- Yr un gweithgaredd rydych chi am ei wneud – yr un ysgrifennoch chi ar dudalen 53.
- Nesaf, ysgrifennwch eich angorion dyddiol: eich prydau bwyd gydol y dydd, a'ch amserau codi a mynd i'r gwely.

Mae digonedd o amser i ychwanegu mwy o weithgareddau ond, am y tro, canolbwyntiwch ar y gweithgaredd cyntaf rydych chi am ei wneud.

Fy nghynllunydd gweithgareddau

Cynlluniwch gydbwysedd o weithgareddau dros y dyddiau a'r wythnosau nesaf.

Ewch ati i sefydlu rwtîn – amser codi, bwyta, mynd i'r gwely, gwneud y gwaith tŷ, efallai mynd am dro, cwrdd â ffrindiau neu fynychu dosbarth rheolaidd.

Dewiswch bethau sy'n werthfawr yn eich golwg ac sy'n rhoi ymdeimlad o Bleser, Cyflawni neu Agosatrwydd at eraill.

Cofiwch gynnwys yn eich cynllun y pethau hanfodol a fyddai fel arall yn cronni ac yn achosi problemau i chi – talu'r biliau, torri'r lawnt, golchi'r llestri, smwddio, torri'ch gwallt ac ati.

Y nod yw adeiladu ar yr hyn rydych chi'n ei wneud dros ychydig wythnosau fel bod gennych chi un gweithgaredd wedi ei gynllunio ar gyfer pob rhan o'r dydd. Gadewch rai bylchau ar gyfer pethau annisgwyl. Neilltuwch rywfaint o amser i chi'ch hun.

taflen
ar y wefan
www.llttf.com

	Bore	Prynhawn	Nos
Dydd Llun			
Dydd Mawrth			
Dydd Mercher			
Dydd Iau			
Dydd Gwener			
Dydd Sadwrn			
Dydd Sul			

Ewch ati i adeiladu ar hyn

YDYCH CHI'N COFIO'R GWEITHGAREDD UNIG HWNNW?

Mae'n bryd ei gyflwyno i ambell ffrind

Ychwanegwch ragor o weithgareddau rheolaidd

Mae gorfod codi o'r gwely i fynd â'r ci am dro neu fwydo'r babi yn gallu bod yn boen, yn enwedig ar foreau oer, ond mae hefyd yn ffordd wych o deimlo'n well. Dim ci? Dim babi? Yna ewch ati i sefydlu rwtîn gyda phethau eraill. Eillio a chael cawod. Tacluso'r tŷ. Galw yn y siop leol i ddweud 'shw'mai' a phrynu bara ac wyau. Coginiwch nhw i frecwast! Methu mynd allan? Gwnewch y mwyaf o'r gweithgareddau y gallwch chi eu gwneud.

Ac os ydych chi'n ailadeiladu'ch rwtîn gyda phethau sy'n cynnwys pobl eraill (ffonio'ch mam bob bore, mynd i gerdded gyda ffrind bob dydd Mercher), byddwch yn teimlo hyd yn oed yn well oherwydd yr 'agosatrwydd' rydyn ni wedi bod yn sôn amdano ynghynt.

Mae angen rwtîn dyddiol hefyd. Bob dydd, dewiswch rywbeth mae angen i chi ddeffro a chodi o'ch gwely i'w wneud. Peidiwch ag aros yn y gwely – cofiwch, lleia'n y byd wnewch chi, gwaetha'n y byd fyddwch chi'n teimlo; gwaetha'n y byd fyddwch chi'n teimlo, lleia'n y byd wnewch chi. Ychwanegwch y rhain at eich Cynllunydd Gweithgareddau.

Mwy o bethau da drosodd

YCHWANEGWCH RAGOR O'R PETHAU DA

Cynlluniwch gyfres o weithgareddau eraill, cyn eu hychwanegu fesul un at eich Cynllunydd Gweithgareddau. Gofalwch eu bod nhw'n weithgareddau bach, nid rhai brawychus. Peidiwch â bod yn rhy uchelgeisiol – pwyll piau hi. A pheidiwch â phoeni os ydych chi'n gorfod croesi pethau allan, mae digonedd o lefydd gwag.

- Dewiswch rai o'r pethau da sy'n helpu sut rydych chi'n teimlo.

- Ychwanegwch ambell beth rydych chi'n gwneud llai ohono neu wedi rhoi'r gorau i'w wneud, a arferai fod yn dda hefyd.

- Dewiswch bethau sy'n werthfawr yn eich golwg ac sy'n rhoi ymdeimlad o bleser, cyflawni neu agosatrwydd i chi.

- Ewch ati i adeiladu ar hyn dros gyfnod o ychydig wythnosau nes bod gennych chi un gweithgaredd wedi'i gynllunio ar gyfer pob rhan o'r dydd.

Wrth ychwanegu pob gweithgaredd, rydych chi'n torri'r cylch cythreulig hwnnw ac yn gwneud iddo droelli'r ffordd arall, felly rydych chi'n teimlo'n well ac yn well.

Ydych chi'n anwybyddu pethau pwysig?

Mae rhai gweithgareddau'n ymddangos yn anodd neu'n ddiflas. Talu'r biliau, gofalu amdanoch eich hun, cadw trefn ar y tŷ – gall y cyfan ymddangos yn ormod o drafferth pan fyddwch chi'n teimlo braidd yn isel.

Y broblem yw bod rhai gweithgareddau'n hanfodol, ac os na fyddwch chi'n eu gwneud nhw fe fyddwch chi'n mynd i deimlo'n waeth a chael eich hun mewn picil.

Felly dyma beth ddylech chi ei wneud: dewis un peth nad oedd yn y dyddiadur ond a ddylai fod yno, a chynllunio i'w wneud e – nawr.

Talwch y bil 'na. Codwch y ffôn. Golchwch eich gwallt. Tacluswch y tŷ. Golchwch y llestri.

Byddwch yn teimlo ganwaith gwell wedyn – gallwch ei ychwanegu at eich dyddiadur a rhoi sgôr o 10 yn y blwch 'cyflawni'!

Cyrraedd y nod

Rydych chi'n gwybod beth sy'n gwneud i chi deimlo'n dda.

Bydd angen cymysgedd o weithgareddau arnoch i'ch helpu bob dydd a phob wythnos.

Dechreuwch gyda gweithgareddau y gallwch eu newid yn hawdd.

Gofalwch fod digon o amrywiaeth er mwyn mynd i'r afael â phob maes allweddol:

1. Pleser: pethau sy'n gwneud i chi deimlo'n dda.

2. Cyflawni: pethau sy'n werthfawr yn eich golwg ac sy'n bwysig i chi.

3. Agosatrwydd: pan fyddwch chi'n cysylltu â phobl eraill sy'n bwysig i chi.

4. Yn olaf, cofiwch hefyd wneud y pethau sy'n bwysig ac yn angenrheidiol.

Mae pob un o'r gweithgareddau hyn yn torri'r cylch cythreulig ac yn gwneud i chi deimlo'n well. Ond pwyll piau hi. Mae angen paratoi i wneud gweithgareddau'n araf a gofalus.

CYMRYD CAMAU SY'N EICH SYMUD YMLAEN

Efallai fod rhai gweithgareddau'n dda i chi, ond maen nhw'n ymddangos yn rhy anodd i'w gwneud i gyd ar yr un pryd. Mae angen i chi baratoi i'w gwneud nhw gam wrth gam.

Sut?

Edrychwch ar yr enghraifft gyferbyn.

Er enghraifft

Roedd Jac yn arfer mwynhau mynd am dro gyda'i ffrindiau i'r parc, ond ers iddo fod yn teimlo'n isel, does ganddo mo'r egni i wneud hyn. Dyma beth a ysgrifennodd yn ei gynllun er mwyn ceisio ailafael yn yr arfer o gwrdd â nhw.

Cam 1. Mynd i'r parc ac eistedd yno i fwynhau'r tawelwch a'r llonyddwch.

Cam 2. Mynd yn ôl i'r parc a cherdded ar fy mhen fy hun. Does dim angen i mi siarad â neb os nad ydw i'n teimlo'r awydd.

Cam 3. Magu'r arfer o fynd i gerdded ar fy mhen fy hun 2 neu 3 gwaith yr wythnos.

Cam 4. Cysylltu â ffrind a threfnu i fynd am dro a chael sgwrs.

Cam 5. Mynd i'r parc gyda fy ffrind ar adeg y byddwn ni'n debygol o weld y lleill.

Cam 6. Trefnu i gyfarfod y lleill y tro nesaf maen nhw'n mynd am dro i'r parc.

Cam 7. Dal ati – sefydlu rwtîn a theimlo'r gwahaniaeth!

Roedd Jac yn gwybod y gallai gymryd un cam un dydd ar y tro, neu un cam un wythnos ar y tro – doedd dim ots. Y peth pwysicaf oedd cael cynllun a datblygu'n raddol tuag at gael rhywfaint o hwyl yn ei fywyd unwaith eto.

Dyna ddigon o hanes Jac. 'Nôl at eich cynllun chi nawr.

GWNEWCH NODYN YMA O WEITHGAREDD MAE ANGEN I CHI BARATOI I'W WNEUD GAM WRTH GAM

_____

_____

Nawr, meddyliwch am y camau bach y gallwch eu cymryd i'w gyflawni. Peidiwch â bod yn rhy uchelgeisiol, a byddwch yn garedig â chi'ch hun. Peidiwch â phoeni os ydych chi'n gorfod dileu pethau – mae digon o le.

1. Dwi'n mynd i _____

2. Yna, dwi'n mynd i _____

3. Wedyn, dwi'n mynd i _____

4. Ar ôl hynny, dwi'n mynd i _____

5. _____

6. _____

7. _____

8. _____

9. _____

10. _____

SWNIO'N HAWDD, ON'D YW E?

Haws dweud na gwneud

Ydych chi'n cofio'r holl addunedau Blwyddyn Newydd yna? Addewidion i newid sy'n ymddangos yn anodd? Neu efallai ein bod ni'n anghofio, neu'n sylweddoli nad oes gennym ni fawr o awydd nac amynedd, neu'n darbwyllo ein hunain nad oes pwynt trafferthu?

Felly, gadewch i ni gydnabod rhywbeth. Mae'n anodd gwneud newidiadau. Dyna pam rydyn ni wedi gofyn i chi ddewis gweithgareddau rydych chi'n gwybod all fod yn dda i chi.

Ond os ydych chi'n teimlo nad ydych chi'n symud ymlaen gyda rhyw weithgaredd penodol, dyma help llaw i chi greu cynllun i'w wneud e fydd yn llwyddo.

Trowch drosodd i greu'ch cynllun.

Gwnewch gynllun!

1. Beth ydw i'n mynd i'w wneud?

2. Pryd ydw i'n mynd i'w wneud e?

3. Pa broblemau neu anawsterau allai godi, a sut alla i eu goresgyn nhw?

Ydy'r dasg dwi wedi'i chynllunio –

Yn fy helpu i ddeall neu
newid fy hun?

Ydy	Nac ydy

Yn benodol, fel y bydda i'n
gwybod pan fydda i wedi'i
chwblhau?

Ydy	Nac ydy

Yn realistig, yn ymarferol
ac yn bosib ei chyflawni?

Ydy	Nac ydy

SUT AETH HI?

Dysgu o brofiad

Os ydych chi'n gwneud cynllun, a bod popeth yn mynd fel watsh – gwych!

Ond gallwch hefyd ddysgu llawer pan fydd pethau'n mynd o chwith. Felly, os oes unrhyw broblemau gyda'ch cynllun, mae hynny'n wych hefyd. Mae'n wych oherwydd fe allwch chi esgus bod yn dditectif, a dysgu.

Felly, os cawsoch chi drafferthion, neu os oedd rhywbeth yn anodd, gofynnwch gwestiynau i chi'ch hun. Pa fath o broblem oedd hi? Problem *fewnol* – y tu mewn i chi, neu broblem *allanol* – er enghraifft, rhywbeth a achoswyd gan rywun arall, y tywydd, neu amgylchiadau annisgwyl?

Defnyddiwch beth bynnag ddysgoch chi i sicrhau bod eich cynllun nesaf hyd yn oed yn well.

Mae'r ddwy dudalen nesaf yn cynnwys taflen Adolygu i'ch helpu i ddysgu hyn.

Ceisiwch fynd i'r arfer o *Gynllunio* (gan ddefnyddio'r daflen Cynllunio), *Gwneud* ac *Adolygu* (gan ddefnyddio'r daflen Adolygu) pan fyddwch chi'n cynllunio gweithgareddau anoddach. Trwy wneud hyn byddwch yn dal ati i symud ymlaen.

Sut aeth hi?

Taflen Adolygu

Beth oedd eich cynllun/nod?

Gwnewch nodyn yma:

Os felly:

1. Beth weithiodd yn dda?

2. Beth oedd ddim cystal?

3. Beth ddysgoch chi yn sgil beth ddigwyddodd?

4. Sut rydych chi am ddefnyddio'r hyn ddysgoch chi?

Wnaethoch chi roi cynnig arni?

Do **Naddo**

Os naddo: beth rwystrodd chi?

Pethau mewnol (wedi anghofio, dim digon o amser, osgoi'r peth, ddim yn meddwl y gallwn i ei wneud e, ddim yn gweld y pwynt ac ati).

Pethau allanol (pobl eraill, problemau yn y gwaith/cartref ac ati).

Sut allech chi fynd ati'n wahanol y tro nesaf?

BETH PETAI RHWYSTR YN DOD AR EICH TRAWS?

Dysgwch o hynny. Felly, cyn gynted ag y byddwch chi wedi trefnu'ch cynllun nesaf, meddyliwch beth allai ei atal rhag digwydd. Oes pethau a allai'ch baglu chi? Beth am bobl eraill? Oes rhywun allai fod yn rhwystr ar unrhyw bwynt?

Ar ôl gweithio allan beth allai atal eich cynnydd, meddyliwch am gynllun bach arall i oresgyn y rhwystr hwnnw. Dadrwystro neu ddadflocio yw'r enw ar hyn.

Gair i gall

Peidiwch â cheisio newid popeth ar unwaith.

Byddwch yn realistig – llwyddo yw eich nod, nid cael eich siomi. Chi sy'n adnabod eich personoliaeth eich hun a pha mor ddiamynedd neu uchelgeisiol ydych chi. Dyna pam mae'n bwysig i chi fod yn ddoeth a chynllunio dim ond un newid mawr y dydd i gychwyn.

Felly, dewiswch ychydig o bethau i ddechrau arni, a gwnewch gynllun ar wahân i wneud pob un trwy ddefnyddio'r daflen Cynllunio. Yna cynlluniwch nhw ar draws y dydd a'r wythnos gan ddefnyddio'r Cynllunydd Gweithgareddau.

1. Gadewch rywfaint o fylchau ar gyfer y pethau annisgwyl sy'n gallu codi.

2. Cofiwch gynnwys amser i chi'ch hun.

3. Cofiwch am yr angorion – amser codi, bwyta, mynd i'r gwely.

4. Ychwanegwch ambell rwtîn ychwanegol, fel amser rheolaidd i wneud gwaith tŷ, neu i fynd am dro, cwrdd â ffrindiau neu fynychu dosbarth rheolaidd.

5. Gofalwch fod eich cynllun yn cyd-fynd â'ch gwerthoedd/delfrydau o ran sut hoffech chi fyw.

Ond cofiwch ei bod yn bwysig gwneud rhai pethau, hyd yn oed os nad ydyn nhw'n fawr o hwyl neu os ydyn nhw'n ymddangos yn anodd.

AR DDIWEDD POB DIWRNOD

Defnyddiwch eich Rhestr Hapus i'ch helpu i gofio

Bob nos, eisteddwch i lawr a nodi tri pheth:

- rydych chi wedi'u mwynhau.
- oedd yn teimlo'n werth chweil.
- oedd wedi'ch helpu i deimlo'n nes at rywun arall.

Am beth ydych chi'n ddiolchgar?

Ar ôl ychydig ddyddiau, bydd gennych restr o bethau gwych y gallwch chi edrych yn ôl arnyn nhw. Bydd yn eich helpu i gofio sut rydych chi'n newid pethau.

Mae'n amser i chi ganmol eich hun!

Nawr, daliwch ati gyda mwy o gynlluniau hyd nes y bydd gennych chi gydbwysedd da o weithgareddau ar draws y diwrnod a'r wythnos. Byddwch yn teimlo'r gwahaniaeth!

Amdani!

Cyflwyniad i Bennod 3

Ydych chi erioed wedi edrych trwy galeidosgop? Mae popeth yn ymddangos yn brydferth a lliwgar. Mae'r siapiau coch, gwyrdd, melyn a glas yn creu cyfuniadau gwych ac yn tynnu'ch sylw.

Mae'r un peth hefyd yn wir am ein ffordd ni o feddwl. Gallwn ddewis canolbwyntio ar y pethau da, gwych, y bobl o'n cwmpas rydyn ni'n eu hoffi ac sy'n ein hoffi ninnau, y llefydd rydyn ni'n hoff iawn ohonyn nhw, a'r diddordebau a'r hobïau rydyn ni'n eu mwynhau.

Ond weithiau, mae'n gallu teimlo mai'r gwrthwyneb sy'n digwydd. Rydyn ni'n canolbwyntio ar yr anawsterau – yr heriau a'r cyfnodau caled mewn bywyd. Hwyrach ein bod ni'n sylwi ar y pethau dydyn ni ddim wedi eu gwneud yn hytrach nag ar y pethau rydyn ni *wedi* eu gwneud. Rydyn ni'n pendroni am ein beiau a'n gwendidau yn hytrach na dathlu'r pethau da yn ein bywydau.

Yn y bennod hon, fe fyddwch chi'n dysgu beth yw meddyliau gwael a sut maen nhw'n edrych. Meddyliau sy'n gwneud i ni deimlo'n waeth, yn ein teimladau, ein cyrff ac yn ein perthynas ag eraill – dyna yw meddyliau gwael. Fel selébs, maen nhw'n crefu am sylw ac yn ei fynnu o hyd. Ond hwyrach nad yw popeth sydd ganddyn nhw i'w ddweud yn wir, yn fuddiol nac yn gywir.

Pan fyddwn ni'n teimlo dan bwysau, mae meddyliau gwael yn neidio i'n pennau ni'n amlach, ac mae'n anoddach cael gwared arnyn nhw. Maen nhw'n mynnu ein holl sylw ac yn gwneud i ni deimlo'n fwy emosiynol, yn is ein hysbryd neu dan fwy o straen nag erioed. Gyda'i gilydd, maen nhw hefyd yn gallu achosi i ni ymateb mewn ffyrdd sy'n gwneud pethau'n waeth, fel mynd i'n cragen neu wneud pethau sy'n gallu cael effaith wael ar sut rydyn ni'n teimlo.

Byddwch yn dysgu dulliau effeithiol o ymateb yn wahanol i'r meddyliau gwael hynny sy'n eich ypsetio. Bydd y bennod hon yn eich helpu i fod yn dditectif, gan sylwi ar y meddyliau gwael a'u rhoi yn eu lle.

Cofiwch – chi sydd wrth y llyw.

Pennod 3

EDRYCH AR BETHAU MEWN FFORDD WAHANOL

(Pam mae pethau wastad yn mynd o chwith?)

Mae pawb yn meddwl 'mod i'n fethiant

Does neb yn fy hoffi i

DWI'N GWNEUD LLANAST O BOPETH

OS NA FEDRA I DDATRYS HYN, WNA I DDIM YMDOPI

BETH YW'R PWYNT?

DWI BYTH YN CAEL FAWR O LWC

Fy mai i yw popeth

Swnio'n gyfarwydd?

Mae llawer o bobl yn teimlo'r un fath – ond pan fyddwch chi eisoes yn teimlo'n ddigon gwael, bydd meddyliau fel hyn yn gwneud i chi deimlo ganmil gwaeth.

Mae meddyliau gwael yn fwrn am eu bod nhw'n gallu cael effaith niweidiol ar sut rydyn ni'n teimlo ac yn gweithredu.

Bydd y bennod hon yn dangos i chi sut maen nhw'n gwneud hynny.

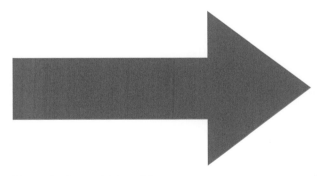

Trowch drosodd i weld beth rydyn ni'n ei olygu.

GO
DDA!

Fe wnaethoch chi droi'r dudalen!

Wnaethoch chi ddim dweud "O, wfft i hyn!" a thaflu'r llyfr drwy'r ffenest. Fe wnaethoch chi droi'r dudalen a chymryd cam enfawr tuag at deimlo'n well – a gwneud hynny ar eich pen eich hun.

Daliwch ati i droi a byddwch yn dysgu sut i *barhau* i deimlo'n well ac yn well, gyda'r

RHAGLEN WYCH I CHWALU MEDDYLIAU GWAEL

Nawr, rydych chi'n mynd i ddysgu sut i sylwi ar feddyliau gwael.

DEWCH I CHWARAE DITECTIF

Barod gyda'ch chwyddwydr?

Camp gwaith ditectif da yw arafu, cymryd eich amser a bod yn wyliadwrus.

Rhowch gynnig ar y dasg hon i ddechrau sylwi ar eich meddyliau gwael eich hun.

Dychmygwch eich hun ym mhob sefyllfa a cheisiwch nodi'r meddyliau sy'n dod i'ch meddwl.

1. Rydych chi'n hwyr ar gyfer cyfarfod pwysig. Rydych chi'n sownd mewn traffig ac yn gallu gweld yr adeilad rydych chi'n anelu ato. Rydych chi'n gwybod y byddwch chi'n hwyr iawn.

2. Rydych chi'n gwahodd ffrindiau am swper, ond yn sylwi bod un heb fwyta rhyw lawer ac yn dweud nad oes fawr o chwant bwyd arno.

3. Rydych chi'n gwneud chwaraeon, ond dydych chi ddim yn cael eich dewis ar gyfer y tîm yr wythnos hon.

Yna llenwch y daflen waith ar dudalennau 88–89. Defnyddiwch y cwestiynau i'ch helpu i nodi'r meddyliau sy'n codi. Gwnewch nodyn ohonyn nhw a throwch drosodd i labelu'r meddyliau hynny.

Fy Meddyliau Gwael

Sut i lenwi'r daflen hon

Meddyliwch am sefyllfa anodd.
Beth aeth drwy'ch meddwl chi?

- Amdanoch chi'ch hun?
- Am eraill?
- Am beth ddigwyddodd?
- Am beth allai ddigwydd?
- Am beth mae pobl eraill yn ei feddwl amdanoch chi?

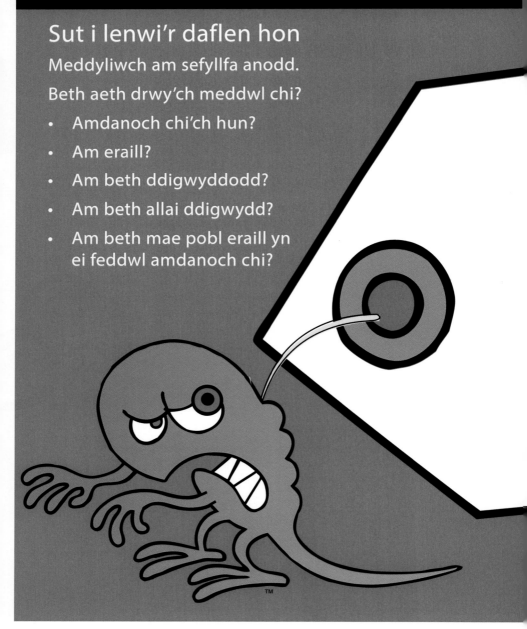

taflen
ar y wefan
www.llttf.com

taflen
ar y wefan
www.llttf.com

NODWR MEDDYLIAU GWAEL

Mae meddyliau gwael hefyd yn cael eu hadnabod fel ffyrdd di-fudd o feddwl. Arferion meddwl ydyn nhw y gallwn ni lithro iddyn nhw dro ar ôl tro. Mae angen mynd i'r afael â nhw oherwydd:

- maen nhw'n gwneud i ni deimlo'n waeth yn emosiynol ac yn gorfforol

- maen nhw'n effeithio ar yr hyn rydyn ni'n ei wneud. Felly, efallai y byddwn ni'n dweud 'na' i rywbeth a allai fod yn hwyl ac yn werth dweud 'ie' iddo.

Bydd y nodwr meddyliau gwael hwn yn eich helpu i sylwi ar ffyrdd di-fudd o feddwl.

Cymerwch gip ar y meddyliau y gwnaethoch chi eu hysgrifennu ar y ddwy dudalen ddiwethaf. Nawr, labelwch nhw gan ddefnyddio'r nodwr meddyliau gwael ar dudalen 91.

Oes unrhyw un o'r dulliau meddwl yma'n gyfarwydd? Ydych chi wedi bod yma o'r blaen?

Os ydych chi'n ticio un blwch neu ragor ar y dde, rydych chi wedi sylwi ar feddwl gwael y gallwch ei ddatrys gyda'r Rhaglen Wych i Chwalu Meddyliau Gwael.

FFYRDD DI-FUDD O FEDDWL	Tic
Ydych chi'n tueddu i'ch beirniadu eich hun bob amser? Ydych chi wastad yn gweld bai arnoch chi'ch hun?	
Ydych chi'n canolbwyntio ar y pethau gwael? Ydych chi fel petaech yn edrych ar y byd a'i bethau trwy sbectol dywyll?	
Oes gennych chi olwg go dywyll ar y dyfodol? Rydych yn disgwyl i bopeth ddiweddu'n wael.	
Ydych chi'n neidio i'r casgliadau gwaethaf oll? 'Trychinebu' yw'r enw ar hyn.	
Ydych chi'n tybio bod eraill yn meddwl y gwaethaf amdanoch chi? Pan nad ydych chi wedi gwirio i weld ydy hyn yn wir ai peidio, 'darllen meddyliau' yw ei enw.	
Ydych chi'n ysgwyddo'r cyfrifoldeb am bopeth? Gan gynnwys pethau nad ydyn nhw'n fai arnoch chi.	
Ydych chi bob amser yn dweud pethau fel 'Dylwn i', 'Rhaid i mi'? Gan osod safonau amhosib i chi'ch hun?	

Trowch drosodd i drechu'r meddyliau gwael hyn

91

Yn gyntaf, labelwch y meddwl

Pan fyddwch chi'n sylwi ar un o'ch meddyliau gwael, peidiwch â gadael iddo'ch llethu chi – camwch yn ôl yn feddyliol a'i labelu.

"O, dim ond un o'r meddyliau gwael yna yw e."

Wrth labelu meddwl gwael fel hyn, mae **e'n** colli ei rym ac rydych **chi'n** sylweddoli mai dim ond rhan o deimlo'n ypsét yw e.

Nid dyma'r gwirionedd, dim ond un o'r meddyliau gwael hynny yw e.

Gallwch hyd yn oed siarad ag e. Dywedwch: "Hei, dwi wedi sylwi arnat ti! Dwi ddim yn chwarae'r gêm yna eto!"

Trowch drosodd ar gyfer **CAM 2**

NAWR GADEWCH LONYDD IDDO

Trowch eich cefn yn feddyliol ar y meddwl gwael hwnnw. Peidiwch â'i herio na dadlau yn ei erbyn – gadewch lonydd iddo.

Mae meddyliau gwael wrth eu boddau'n cael sylw, felly eu hanwybyddu sydd orau.

Yn lle hynny, meddyliwch am bethau rydych chi'n eu gwneud yn iawn nawr, neu bethau rydych chi'n eu cynllunio at y dyfodol, neu rywbeth rydych chi wedi'i gyflawni'n ddiweddar.

CAM 3 nesaf

EWCH ATI I'W HERIO!

Peidiwch â chael eich bwlio gan feddyliau gwael

Mae meddyliau gwael fel bwlis – yn fygythiol ac yn ddigon i ddychryn unrhyw un. Ond er eu bod nhw'n swnio'n gryf, maen nhw'n wan yn y bôn. Ac maen nhw'n rhaffu celwyddau.

Maen nhw'n dweud na fyddwch chi'n hoffi rhywbeth. Yn dweud y byddwch chi'n methu os ydych chi'n trio. Eich bod chi'n ddi-werth neu'n ormod o gachgi, neu nad oes unrhyw un yn eich hoffi chi.

Ond meddwl gwael yw hwn, nid y gwir.

Peidiwch â chael eich bwlio!

Os yw'r meddwl yn dweud "Peidiwch!", yna GWNEWCH E!

Os yw'r meddwl yn dweud "Methu", dywedwch "GALLAF!"

Dim lol.

Haws dweud na gwneud? Ydy wir.

Ond heb roi cynnig arni, fyddwch chi ddim callach. A beth petaech chi wir yn trechu'r meddyliau gwael hynny?

Trowch drosodd ar gyfer y cam nesaf

BYDDWCH YN GAREDIG WRTHOCH CHI'CH HUN

Byddwch yn ffrind gwell i chi'ch hun – rydych chi'n haeddu hynny.

Meddyliau gwael yw'r ffordd rydyn ni'n cosbi ein hunain pan fyddwn ni wedi ein hypsetio. Rydyn ni'n aml yn dweud pethau cas a beirniadol wrthyn ni'n hunain – pethau na fydden ni'n meiddio eu dweud wrth rywun sy'n annwyl i ni. Ac rydyn ni'n aml yn dweud pethau wrthyn ni'n hunain mewn tôn gas neu sbeitlyd.

Felly, os ydych chi'n cael eich plagio gan feddyliau gwael, meddyliwch beth fyddai rhywun sy'n eich caru chi go iawn ac yn malio amdanoch yn ei ddweud. Pa eiriau o gymorth ac anogaeth fyddai'r person hwnnw'n eu cynnig, tybed?

Bydden nhw'n anghytuno â'ch meddyliau gwael. Bydden nhw'n eich atgoffa nad ydych chi'n anobeithiol neu'n dwp neu'n siŵr o fethu.

Rhowch eich ffydd yn y pethau tosturiol hyn a gadewch iddyn nhw eich helpu i gael gwared ar y meddyliau gwael.

Dwi'n iawn

Trowch drosodd ar gyfer **CAM 5**

SUT I DRECHU'R MEDDYLIAU GWIRIONEDDOL WAEL

Mae'n anodd cael gwared ar rai meddyliau gwael.

Maen nhw'n ailgodi eu pennau dro ar ôl tro, gan wneud i chi amau a allwch chi fyth eu trechu nhw.

Dyma dri pheth y gallwch eu gwneud fydd yn eich helpu.

Edrychwch ar y sefyllfa o ongl wahanol

Yn gyntaf, dychmygwch mai eich ffrind, nid chi, sy'n cael y meddyliau gwael hyn. Pa gyngor fyddech chi'n ei roi iddo? Nawr, rhowch yr un cyngor i chi'ch hun.

Rhowch eich meddyliau mewn persbectif. Fydd hyn yn bwysig mewn chwe mis? Fyddwch chi hyd yn oed yn cofio beth oedd y broblem? Os na fydd yn bwysig mewn chwe mis, mwy na thebyg nad yw hi mor bwysig â hynny nawr chwaith.

Sut fyddai eraill yn ymdrin â'r broblem? Meddyliwch am rywun sydd fel petai'n dda am ymdrin â phroblemau. Beth fyddai'r person hwnnw'n ei wneud, neu sut fyddai'n meddwl yn yr un sefyllfa?

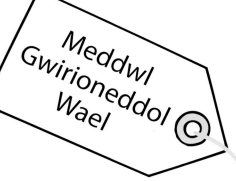

Meddwl Gwirioneddol Wael

Trowch drosodd i **GRYNHOI**

101

FELLY:

Y RHAGLEN WYCH I CHWALU MEDDYLIAU GWAEL

Mae meddyliau gwael yn creu trafferth i chi ac yn **achosi** teimladau gwael go iawn. Os gallwch chi drechu'r meddyliau gwael hynny byddwch yn teimlo'n well. Pan fyddwch chi'n sylwi ar feddwl gwael:

1. RHOWCH LABEL ARNO

O, dim ond un o'r meddyliau gwael yna wyt ti.

2. GADEWCH LONYDD IDDO

Mae meddwl gwael yn mynnu sylw, felly anwybyddwch e.

3. EWCH ATI I'W HERIO

Mae meddyliau gwael yn gallu codi ofn ar rywun ond, fel bwlis, maen nhw'n wan yn y bôn ac yn rhaffu celwyddau. Gallwch eu trechu.

4. BYDDWCH YN GAREDIG WRTHOCH CHI'CH HUN

Beth fyddai rhywun sydd wir yn malio amdanoch chi'n ei ddweud? Gadewch i'r person hwnnw eich helpu i drechu'r meddyliau gwael.

5. EDRYCHWCH ARNO O ONGL WAHANOL

Meddyliwch pa gyngor fyddech chi'n ei roi i ffrind, a rhowch y cyngor hwnnw i chi'ch hun. A fydd e'n bwysig mewn chwe mis? Dewiswch rywun rydych chi'n ei adnabod a meddwl sut byddai ef neu hi'n ymdrin â'r sefyllfa.

> Pam ydych chi'n oedi?
> Beth am roi cynnig arni?

Y RHAGLEN WYCH I CHWALU MEDDYLIAU GWAEL

TAFLEN 1

1. Rhowch label arno

O, dim ond un o'r meddyliau gwael yna wyt ti.

2. Gadewch lonydd iddo

Mae meddwl gwael yn mynnu sylw – anwybyddwch e.

3. Ewch ati i'w herio

Mae meddyliau gwael fel bwlis – hen bethau gwan yn y bôn. Gallwch chi eu trechu.

TM

4. Byddwch yn garedig wrthoch chi'ch hun

Beth fyddai rhywun sy'n malio amdanoch chi'n ei ddweud? Gadewch i'r person hwnnw eich helpu i drechu'r meddyliau gwael.

5. Edrychwch arno o ongl wahanol

- Rhowch yr un cyngor i chi'ch hun ag y byddech yn ei roi i ffrind.
- A fydd e'n bwysig ymhen chwe mis?
- Dewiswch rywun rydych chi'n ei adnabod a meddwl sut y byddai'n ymdrin â'r sefyllfa.
- Ydy'r mater wir mor bwysig â hynny?
- Ydych chi'n seilio hyn ar sut rydych chi'n teimlo yn hytrach nag ar ffeithiau?
- Beth fyddai pobl eraill yn ei ddweud?
- Ydych chi'n edrych ar y darlun cyflawn?

taflen
ar y wefan
www.llttf.com

…e'r darlun o fwystfil y meddyliau gwael yn un o nodau masnach cofrestredig Five Areas Resources Ltd.

105

EWCH
AMDANI!

Peidiwch â phoeni

Os yw pethau'n ymddangos yn anodd i ddechrau. Lle da i ddechrau yw ymarfer gyda meddyliau gwael sydd ddim ond yn peri ychydig o ofid.

Mae angen ymarfer cryn dipyn i drechu meddyliau gwael.

Ond mae'r Rhaglen Wych i Chwalu Meddyliau Gwael yn gweithio, felly daliwch ati, ac mewn ychydig ddyddiau bydd eich meddyliau gwael yn dechrau chwalu a byddwch yn teimlo'n well.

Cofiwch mai'r peth allweddol yw cynllunio i ymarfer y dull hwn.

Dim gwamalu, cynllun amdani!

Taflen Gynllunio

1. Beth ydw i'n mynd i'w wneud?

2. Pryd ydw i'n mynd i'w wneud e?

3. Pa broblemau neu anawsterau allai godi, a sut alla i eu goresgyn nhw?

taflen
ar y wefan
www.llttf.com

Ydy'r dasg dwi wedi'i chynllunio –

Yn ddefnyddiol i wella fy lles?

	Ydy	Nac ydy
	☐	☐

Yn benodol, fel y bydda i'n gwybod pan fydda i wedi'i chwblhau?

	Ydy	Nac ydy
	☐	☐

Yn realistig, yn ymarferol ac yn bosib ei chyflawni?

	Ydy	Nac ydy
	☐	☐

FY NGHYNLLUN
1 _____
2 _____
3 _____

Cyflwyniad i Bennod 4

Allwch chi feddwl am rywun rydych chi'n ei adnabod sy'n hynod hyderus? Rhywun ar y teledu, neu aelod o grŵp pop efallai? Pêl-droediwr neu bersonoliaeth chwaraeon? Beth sy'n gwneud i'w hyder nhw fod mor amlwg?

Ai sut maen nhw'n sefyll? Beth maen nhw'n ei ddweud a sut maen nhw'n ei ddweud e? Neu efallai fod eu dillad, eu steil gwallt neu eu ffordd o fyw yn cyfleu eu hyder? Mae llawer o bobl ifanc yn eilunaddoli pobl o'r fath, yn eu hedmygu ac eisiau bod yn fwy tebyg iddyn nhw. Ond nid ceisio ymddwyn a bod fel rhywun arall yw'r allwedd i dyfu i fyny. Yn hytrach, dylech adael i'ch gwir gymeriad ddisgleirio.

Bydd y bennod hon yn eich helpu i ddarganfod gwreiddiau hyder. Y pethau sydd wedi cael eu dweud wrthych chi sydd wedi'ch annog a rhoi hyder i chi, neu sydd wedi bod yn ergyd i'ch hyder a'ch gadael yn llawn amheuon. Y newyddion da yw ein bod ni'n dysgu pethau newydd drwy'r adeg, a gall hynny fod yn wir am hyder hefyd. Felly, mae angen i chi ddysgu ymddiried ynoch chi'ch hun ac atgoffa'ch hun o'r holl bethau sy'n eich gwneud chi'n unigolyn gwerth chweil. Does dim rhaid bod yn rhywun enwog i serennu a bod yn gyfforddus yn eich croen eich hun.

Byddwch yn dysgu rhai pethau cadarnhaol i'ch atgoffa'ch hun pan fyddwch chi'n teimlo'n fach. Hefyd, cewch gyfle i ymarfer rhai o'r sgiliau fydd yn rhoi hwb i'ch hyder i fynegi eich hun a chyflwyno'ch hun yn dda.

Yn olaf, byddwch hefyd yn dysgu am fanteision ac anfanteision cael safonau uchel. Mae safonau uchel yn gallu gwthio pobl i gyflawni pethau da – ond mae ganddyn nhw hefyd eu goblygiadau. Gall ceisio cyflawni'r fath safonau uchel achosi straen, yn enwedig os ydych chi'n cael trafferth ar hyn o bryd ac eisoes yn teimlo dan bwysau. Yn hytrach, byddwch yn dysgu bod digon da yn ddigon da.

Mae gennych chi'r grym i ddewis.

Pennod 4

MAGU HYDER MEWNOL

(Dwi ddim yn ddigon da)

ALLA I MO'I
WNEUD E

Dwi
ddim yn
perthyn

Dwi'n
ddiflas

Dyw pobl ddim
yn fy hoffi i

Dwi
ddim
yn
olygus

Dwi ddim fel
pawb arall

DWI'N GWNEUD
LLANAST O BOPETH

Dwi ddim yn
fy hoffi fy hun

Dwi'n gwneud
camgymeriadau o hyd

Pwy sy'n dweud nad ydych chi'n ddigon da?

Chawsoch chi mo'ch geni yn meddwl "dwi ddim yn ddigon da". Rhywun neu rywbeth wnaeth i chi feddwl fel yna, amser maith yn ôl o bosib.

Efallai nad oedd eich rhieni'n eich canmol nac yn dangos eu bod yn malio digon amdanoch pan oeddech chi'n ifanc, neu efallai nad oedden nhw o gwmpas yn ddigon aml i chi wybod beth oedd eu teimladau am eu bod nhw i ffwrdd yn gweithio llawer iawn o'r amser. Hwyrach bod eich cyd-ddisgyblion yn greulon ynghylch eich siâp, eich maint neu eich galluoedd. Efallai eich bod yn disgwyl cymaint gennych chi'ch hun nes eich bod yn siŵr o 'fethu' yn y pen draw.

Sut bynnag gawsoch chi'r syniad yn eich pen, y ffaith amdani yw ei fod yno nawr a'i fod wedi'ch plagio ers cymaint o amser fel eich bod chi bellach yn ei gredu'n llwyr.

Pan fyddwch chi'n credu eich bod yn dda i ddim, rydych chi'n dechrau ymddwyn fel petai hynny'n wir – yn cuddio a chilio, yn osgoi rhoi cynnig ar bethau newydd, yn cadw'n dawel am yr hyn rydych chi ei eisiau, yn ymddiheuro byth a hefyd, ddim yn trafferthu gofalu amdanoch eich hun. Mae'r cyfan yn golygu nad ydych chi'n byw nac yn mwynhau eich bywyd gymaint ag y gallech chi.

Ond fe allwch chi newid. Mae'r bennod hon yn cynnwys cynllun syml i ddisodli syniadau gwael (fel "dwi ddim yn ddigon da") gyda rhai llawer callach (fel "dwi'n iawn yn y bôn").

Trowch y dudalen i weld beth ddigwyddith

DA
IAWN!

Rydych chi wedi dewis gwneud newid

Daliwch ati a bydd eich problemau drosodd cyn hir.

Sut felly? Am ei bod hi mor hawdd credu syniadau fel "Dwi'n dda i ddim" neu "Wna i fyth newid". Ond dim ond syniadau a blannwyd yn eich pen ers tro byd ydyn nhw. Pe bai syniad gwahanol wedi ei blannu yno yn lle hynny, fel "Dwi'n iawn yn y bôn", fyddech chi ddim yn darllen y bennod hon.

Felly, dros y tudalennau nesaf, rydyn ni am ddangos sut mae datblygu syniadau positif amdanoch chi'ch hun, a'u rhoi yn eich pen, lle y dylen nhw fod wedi bod yr holl amser yma.

Yna, pan fydd gennych chi ddewis o bethau i'w credu, gallwch ddewis yr un cywir fel y gwnaethoch chi funud yn ôl.

Swnio'n syml, on'd yw e? Felly, beth ydych chi am ei wneud?

Daliwch ati i ddarllen
– bob yn gam mae newid

115

RYDYCH CHI'N CAEL HWYL ARNI

Gadewch i ni feddwl am rai syniadau positif

Petaen ni'n dweud wrthych chi fod y ddaear yn fflat, fyddech chi ddim yn ein credu ni, am eich bod chi wedi bod dramor a heb ddisgyn dros y dibyn. Mae gennych chi dystiolaeth.

Mae'r un peth yn wir am syniadau amdanoch chi eich hun. Mae'n anodd credu "dwi'n iawn yn y bôn" pan nad oes gennych chi unrhyw dystiolaeth i brofi hynny. Felly, cam cyntaf eich cynllun yw nodi pethau positif amdanoch chi'ch hun a gwneud nodyn ohonyn nhw.

Pethau wnaethoch chi'n dda. Yr adegau pan fuoch chi'n cynnig help i eraill. Y cyfnodau pan wnaethoch chi rywbeth er ei fod e'n anodd. Pethau mae eraill wedi diolch i chi amdanyn nhw. Pethau rydych chi'n gwybod llawer amdanyn nhw. Y pethau hynny y gallwch chi eu gwneud yn hawdd neu'n gyflym. Yr adegau pan wnaethoch chi gyfraniad da i waith grŵp. Y bobl sy'n eich hoffi chi... y math yna o beth.

Trowch drosodd i restru rhai pethau positif amdanoch chi'ch hun

Da iawn!

Fe wnaethoch chi droi i'r rhestr Pethau Iawn! Gall gymryd amser i chi feddwl am bethau da, am eich bod chi wedi colli'r arfer o feddwl eich bod chi'n berson iawn. Ond mi ydych chi'n iawn — felly da chi, ewch ati i ysgrifennu!

Pethau dwi'n eu hoffi amdanaf fy hun

* Cofiwch — rydyn ni'n chwilio am bethau a wnaethoch chi'n dda, yr adegau pan fuoch chi o gymorth i eraill, y bobl sy'n eich hoffi chi ac ati.

NAWR DYSGWCH EICH RHESTR AR EICH COF

A dywedwch hyn bob tro rydych chi'n teimlo'n fach

Erbyn hyn, mae gennych chi restr o resymau i gredu eich bod yn iawn neu'n ocê, ac mae pob un yn wir ac yn real, yn wahanol i'r syniadau "dwi'n dda i ddim" sy'n dod i'ch pen chi weithiau.

Dysgwch y rhestr, ac ychwanegwch ragor o bethau ati wrth i chi feddwl amdanyn nhw.

Ailadroddwch y rhestr nes ei bod wedi'i serio ar eich cof. Dywedwch y rhestr yn dawel i chi'ch hun cyn mynd i gysgu. Adroddwch hi'n dawel pan fydd gennych chi funud sbâr.

Ar ôl tipyn, bydd yn helpu i ddisodli rhai o'r syniadau negyddol sydd wedi cronni cyhyd.

Ac yn well fyth, gallwch hefyd ddefnyddio'r rhestr mewn argyfwng, pryd bynnag y byddwch chi mewn sefyllfa sy'n gwneud i chi deimlo'n fach.

DWI'N IAWN DWI'N IAWN

Darllenwch y rhestr drosodd a throsodd, a bydd yn dechrau newid y pethau eraill. Yn union fel rydych chi wedi'i wneud dros y tudalennau diwethaf, rydych chi'n dewis opsiwn callach yn hytrach na'r un "dwi'n dda i ddim".

Mae'r dudalen nesaf yn cynnwys crynodeb a allai eich helpu hyd yn oed yn fwy.

Trowch drosodd am ragor o help

PEIDIWCH Â MEDDWL FEL HYN

Alla i mo'i wneud e

Dwi ddim yn olygus

Dwi'n ddiflas

Dyw pobl ddim yn fy hoffi i

Dwi ddim yn dda am wneud pethau

Dwi'n gwneud llanast o bopeth

MEDDYLIWCH FEL HYN

Dwi'n gallu'i wneud e achos mi wnes i
(rhywbeth o'ch rhestr)

Dwi'n edrych yn iawn

Dwi'n ddiddorol, dwi'n gwybod llawer am
(rhywbeth o'ch rhestr)

Mae rhai pobl yn fy hoffi i, gan gynnwys
(rhai pobl o'ch rhestr)

**Mae gen i gryfderau a gwendidau fel
pawb arall**

Dwi'n dda am
(rhywbeth o'ch rhestr)

Felly, rydych chi'n gwybod sut
i newid eich ffordd o feddwl

Beth nesaf?

NEWIDIWCH YR HYN RYDYCH CHI'N EI WNEUD

Sut i ddatblygu'ch hyder fesul cam

Mae gan bawb du mewn a thu allan ac maen nhw'n wahanol.

Wyddoch chi'r bobl hynny sy'n ymddangos mor hyderus? Tu mewn, maen nhw'n union fel chi, ond maen nhw wedi'i deall hi – trwy gerdded yn hyderus a siarad yn hyderus, fe *ddewch* chi'n hyderus.

Felly dyma sydd angen ei wneud – bod yn chi'ch hun a chyflwyno mân newidiadau, gam wrth gam, er mwyn i'r 'chi' go iawn serennu.

I ddechrau, ystyriwch sut rydych chi'n cyflwyno'ch hun i eraill. Meddyliwch am:

1. Beth rydych chi'n ei wisgo.

2. Sut rydych chi'n sefyll.

3. Beth rydych chi'n ei ddweud, a sut rydych chi'n ei ddweud e.

Bydd angen i chi hefyd graffu'n fanwl.

Nawr ewch ati i newid ambell beth

CAMAU I WELLA'CH HYDER

Sut mae pobl eraill yn mynd ati?

Gwyliwch sut mae pobl hyderus yn sefyll. Maen nhw'n dalsyth, ac yn aml yn ymddangos ychydig yn dalach nag ydyn nhw mewn gwirionedd.

Nawr sylwch ar sut maen nhw'n dal eu hunain neu'n symud o gwmpas. Dydyn nhw ddim yn llusgo'u traed, ddim yn gorweddian mewn cadeiriau, ddim yn llercian yn y cysgodion. Ac wrth siarad gyda chi, maen nhw'n edrych i fyw eich llygaid.

Nawr, gwrandewch ar sut maen nhw'n siarad. Maen nhw'n reit swnllyd, on'd y'n nhw? Ac maen nhw'n aml yn siarad yn araf, heb orfod rhuthro oherwydd eu bod nhw'n gwybod, rywsut rywfodd, y bydd pawb yn dal i wrando.

Eich tasg chi yw gweithio'n raddol tuag at hyn fel bod pobl yn gweld y 'chi' go iawn.

Cofiwch, dyw'r rhan fwyaf o bobl hyderus ddim felly drwy'r adeg – ond maen nhw'n gwybod sut i ymddwyn yn hyderus ar y tu allan, sef yn union beth fyddwch chi'n ei wneud.

Ar ôl tipyn, byddwch yn dechrau sylwi ar wahaniaeth go iawn yn y ffordd rydych chi'n cyflwyno'ch hun.

Trowch drosodd am ragor o gyngor da

PEIDIWCH Â GWNEUD HYN

Mwmial

Siarad yn rhy gyflym

Gorweddian yn eich cadair

Crymu'r cefn

Edrych i ffwrdd neu edrych i lawr

Lladd sgwrs

GWNEWCH HYN

Ceisiwch siarad ychydig yn uwch ac yn fwy clir

Arafwch ac oedwch wrth siarad

Eisteddwch yn syth â'ch ysgwyddau'n ôl

Cerddwch yn dalog gan godi'ch gên

Edrychwch i fyw llygaid pobl eraill gymaint â phosib, a gwenwch

Gofynnwch gwestiynau er mwyn cadw sgyrsiau i fynd

ALLA I WNEUD HYN?

Gallwch!

Mae'n swnio'n waith caled, o'nd yw e? Newid eich ffordd o feddwl ac yna dechrau ymarfer ffyrdd o ddod yn berson mwy hyderus.

Ond cofiwch – ara deg a bob yn dipyn y byddwch chi'n gwneud hyn. Gwnewch restr o bethau rydych chi'n eu hoffi amdanoch chi'ch hun i ddechrau, ac yna ceisiwch ailadrodd y rhestr unwaith neu ddwy pan fyddwch chi'n teimlo'n fach. I ddechrau, dewiswch unigolyn hyderus a sylwch ar ei arferion a'i ymddygiad.

Wnewch chi ddim troi'n berson byrlymus a hyderus dros nos, ac efallai nad ydych chi am fod mor swnllyd a bywiog â hynny beth bynnag.

Dydych chi ddim yma i fod yn seren bop neu'n actor byd-enwog.

Mae'n ymwneud â dod o hyd i ffyrdd newydd o ymddwyn yn hyderus – ond gwnewch hynny yn eich ffordd eich hun.

Ymlaen at bwynt pwysig iawn

MAE DIGON DA YN DDIGON DA

Peidiwch â chosbi'ch hun

Yn y byd go iawn, does dim rhaid i chi gael rhestr hir o raddau 'A' serennog i fod yn hapus, llwyddiannus a phoblogaidd.

Yn wir, mae rhai o bobl hapusaf y byd yn fodlon arnyn nhw'u hunain fel maen nhw.

Felly, pan fyddwch chi'n llawdrwm arnoch chi eich hun am beidio â gwneud rhywbeth yn berffaith, am fethu cael y marciau uchaf yn y dosbarth, neu am fethu ennill y ras, dywedwch hyn wrthoch chi'ch hun:

Dyw perffeithrwydd ddim yn bod. Gwnewch beth bynnag allwch chi ei wneud.

RYDYCH CHI'N GWNEUD YN IAWN

Dyma sut gallwch chi barhau felly

1. Dewiswch syniadau call, nid rhai gwael.

Gwnewch restr o bethau rydych chi'n eu hoffi amdanoch chi'ch hun, dysgwch y rhestr ar eich cof a'i defnyddio i newid y syniadau negyddol yn eich pen.

Adroddwch y rhestr i chi'ch hun cyn mynd i gysgu. Defnyddiwch y rhestr mewn sefyllfaoedd sy'n gwneud i chi deimlo'n fach, a dewiswch y syniad "dwi'n iawn", nid yr un "dwi'n dda i ddim".

2. Dechreuwch gerdded a siarad yn hyderus.

Cofiwch, dyw'r bobl fwyaf hyderus ddim felly drwy'r amser – ond maen nhw'n gwybod sut i *ymddwyn* yn hyderus ar y tu allan.

Gwnewch chithau yr un fath. Dechreuwch gerdded yn hyderus, siarad yn hyderus, edrych yn hyderus ac fe **fyddwch** chi'n hyderus.

3. Cofiwch, does mo'r fath beth â bod yn berffaith. Gwnewch yr hyn allwch chi.

Does neb yn berffaith, felly peidiwch â bod yn llawdrwm arnoch chi eich hun am fethu cyrraedd rhyw nod amhosib.

Felly dyma beth sy'n rhaid ei wneud. Dewiswch un peth bach, yna defnyddiwch y daflen *Cynllunio* ar dudalennau 136–137 i roi'r dechrau gorau posib i chi.

Ar ôl gorffen, defnyddiwch y daflen *Adolygu* ar dudalennau 138–139 i weld pa hwyl rydych chi'n ei chael arni.

Pob lwc!

Amdani!

Gwnewch gynllun!

Taflen Gynllunio

1. Beth ydw i'n mynd i'w wneud?

2. Pryd ydw i'n mynd i'w wneud e?

3. Pa broblemau neu anawsterau allai godi, a sut alla i eu goresgyn nhw?

taflen
ar y wefan
www.llttf.com

Ydy'r dasg dwi wedi'i chynllunio –

	Ydy	Nac ydy
Yn fy helpu i ddeall neu newid fy hun?	☐	☐

	Ydy	Nac ydy
Yn benodol, fel y bydda i'n gwybod pan fydda i wedi'i chwblhau?	☐	☐

	Ydy	Nac ydy
Yn realistig, yn ymarferol ac yn bosib ei chyflawni?	☐	☐

Sut aeth hi?

Beth oedd eich cynllun/nod?

Gwnewch nodyn yma:

Os felly:

1. Beth weithiodd yn dda?

2. Beth oedd ddim cystal?

3. Beth ddysgoch chi yn sgil yr hyn ddigwyddodd?

4. Sut rydych chi am ddefnyddio'r hyn ddysgoch chi?

Diwrnod Adolygu

Wnaethoch chi roi cynnig arni?

Do   **Naddo**

Os naddo: beth rwystrodd chi?

Pethau mewnol (wedi anghofio, dim digon o amser, osgoi'r peth, ddim yn meddwl y gallwn i ei wneud e, ddim yn gweld y pwynt ac ati).

Pethau allanol (pobl eraill, problemau yn y gwaith/cartref ac ati).

Sut allech chi fynd ati'n wahanol y tro nesaf?

139

Cyflwyniad i Bennod 5

Mae'r rhan fwyaf ohonon ni'n gallu mynd i'r afael â phroblemau y rhan fwyaf o'r amser. Ond os oes gormod o heriau'n ein hwynebu ar yr un pryd, neu os yw'r problemau'n ymddangos yn rhy fawr a llethol, yna rydyn ni'n teimlo'r pwysau ac yn dechrau teimlo ein bod ni'n colli rheolaeth.

Mae'n hawdd iawn digalonni pan fyddwn ni'n teimlo dan ormod o bwysau. Rydyn ni'n edrych ar faint o waith sydd gennym ni, neu ar y mynydd o dasgau sy'n ein hwynebu, ac yn teimlo'n gaeth heb wybod hyd yn oed lle i ddechrau.

Ac mae yna anhawster ychwanegol. Pan fyddwn ni'n isel neu dan straen, gallwn deimlo ei bod hi'n anodd meddwl am gynlluniau posib i ddatrys y broblem. Hyd yn oed os gallwn ni feddwl am rai atebion, os ydyn ni'n teimlo dan straen rydyn ni'n fwy tebygol o wfftio pob ymateb posib fel rhai sy'n annhebygol o weithio.

O ganlyniad, rydyn ni'n teimlo fel petaen ni'n sownd ar stryd unffordd ac yn methu symud oddi yno. Y cyfan sydd ar ein meddwl yw'r broblem a'r teimlad o fod yn ddiymadferth. Felly, beth sydd angen i ni ei wneud? Yn union fel gyda'r lôn bengaead honno, mae'n rhaid i chi stopio, edrych o'ch cwmpas i gael syniad clir o ble'r ydych chi, a meddwl sut i gynllunio eich ffordd allan.

Yn y bennod hon, byddwch yn dysgu dull y gallwch ei ddefnyddio i ddelio ag unrhyw broblem. Ie, go iawn, unrhyw broblem. P'un a ydych chi eisiau cynilo neu wneud rhywfaint o arian, cwblhau prosiect yn y cartref, mynd i'r afael â chymydog sy'n chwarae cerddoriaeth yn rhy uchel pan fyddwch chi'n ceisio cysgu, neu hyd yn oed dysgu canu'r gitâr!

Cofiwch, pan fydd problem yn codi, byddwch yn dysgu cynllun ffres ac effeithiol y gallwch ei ddefnyddio.

Pennod 5

SUT I DDATRYS POPETH, BRON IAWN

MEWN 4 CAM HAWDD

(arweiniad ymarferol i ddatrys problemau)

Gorffen prosiect

Colli Pwysau

CAEL SWYDD

GWARIO'N GALL

Byw'n iachach

Adolygu ar gyfer yr arholiadau

CADW'N HEINI

Gwneud mwy o ffrindiau

Cynllunio gwyliau

Mynd allan yn amlach

Ie, unrhyw beth bron

Beth bynnag rydych chi eisiau ei wneud, fe wnaiff y Cynllun 4 Cam Hawdd hwn eich helpu.

Mae'n hynod effeithiol os ydych chi'n teimlo'n isel. A dweud y gwir, mae'n gweithio hyd yn oed os ydych chi wedi cael cymaint o lond bol fel eich bod chi prin yn gallu trafferthu darllen y dudalen hon.

Y syniad yw torri'ch problem neu darged yn ddarnau bach, gan eu gwneud nhw'n haws i'w datrys fesul un.

Yna, meddyliwch sut rydych chi am fynd i'r afael â phob darn, gan wneud cynllun a'i roi ar waith.

Dyma'r Cynllun 4 Cam Hawdd.

Mae e fel bwyta eliffant

SUT I FWYTA ELIFFANT

a. Rhannwch yr eliffant yn ddarnau bach

b. Bwytewch un darn ar y tro

Os ydych chi (fel ni!) yn hoff o eliffantod, yna meddyliwch am sut i fwyta pwmpen anferth yn lle hynny.

Mae problemau'n debyg i eliffantod

Maen nhw'n edrych yn anferth. Yn llawer rhy fawr i ni fynd i'r afael â nhw. Ond pan dorrwch chi nhw'n ddarnau llai, maen nhw'n llawer llai brawychus a thipyn haws i'w trin (neu eu bwyta!). Dyna pam mai 'torri'ch problem yn ddarnau' yw cam cynta'r Cynllun 4 Cam Hawdd.

Hwyrach eich bod yn teimlo nad ydych chi byth yn gweld eich ffrindiau. Gallech dorri'r wythnos yn ddarnau a gwneud ymdrech i'w gweld nhw ar ddyddiau Llun, er enghraifft.

Os ydych chi'n teimlo eich bod yn treulio gormod o amser ar eich pen eich hun, beth am roi cynnig ar wylio'r teledu gyda rhywun arall ambell noson o'r wythnos, yn lle eistedd yn eich ystafell? Beth am ffonio'ch ffrindiau a chael sgwrs go iawn yn lle tecstio?

Neu, os ydych chi'n byw a bod ar y cyfryngau cymdeithasol neu'n gwylio gormod o deledu, beth am ddechrau trwy beidio â gwneud hynny am brynhawn neu ddiwrnod cyfan? Gallwch rannu'r rhan fwyaf o dasgau fel hyn, ac mae pawb* yn cytuno eich bod chi'n llawer mwy tebygol o lwyddo trwy wneud pethau bob yn dipyn.

*Pawb heblaw eliffantod.

Trowch drosodd ar gyfer **CAM 2**

145

TANIWCH SYNIADAU AR GYFER GWNEUD Y CAM CYNTAF

Bachwch ddarn o bapur...

A gwnewch nodyn o'r holl bethau y gallech eu gwneud i weithio ar ddarn cyntaf y broblem.

Y gamp yw rhoi rhwydd hynt i'ch meddwl danio a gwneud nodyn o'ch holl syniadau – y dwl a'r doeth fel ei gilydd.

Er mwyn dechrau gweld mwy o'ch ffrindiau, gallech ymuno â dosbarth nos sy'n cael ei gynnal bob nos Lun.

Ydych chi'n treulio gormod o amser o flaen y teledu? Beth am estyn un o'r gemau bwrdd hynny rydych chi'n hoff o'u chwarae dros y Dolig? Neu ofyn i ffrind wneud rhyw fath o chwaraeon gyda chi. Neu drafod diwrnod pawb dros swper.

Ydych chi'n ceisio defnyddio llai o apiau neu gyfryngau cymdeithasol? Gadewch eich ffôn mewn ystafell arall. Neu diffoddwch y sain am ran o'r diwrnod. Diffoddwch e'n llwyr ar adeg benodol gyda'r nos.

Os rhowch chi bopeth ar bapur, rydych chi'n siŵr o gael syniad da yn hwyr neu'n hwyrach.

CAM 3 nesaf

DEWISWCH SYNIAD A GWNEWCH GYNLLUN I'W ROI AR WAITH

Cam wrth gam

Edrychwch ar eich rhestr o syniadau a dewiswch un peth sy'n bosib ei gyflawni ac nad yw'n codi gormod o ofn arnoch chi. Nawr, ar ddarn arall o bapur nodwch, gam wrth gam, sut i WNEUD hyn.

Gallan nhw fod yn gamau mor fach ag y dymunwch chi: Codi. Gwisgo. Cerdded i'r drws ffrynt. Agor y drws... ac ati.

NEU

Er mwyn gweld eich ffrindiau'n amlach: tecstiwch ffrind, chwiliwch am weithgareddau y gallech eu gwneud gyda'ch gilydd, ymunwch â dosbarth nos, gwahoddwch rywun i'ch hoff gaffi newydd... y math yna o beth.

NEU

I ddefnyddio llai ar y cyfryngau cymdeithasol: gadewch eich ffôn mewn ystafell arall, peidiwch â mynd â'ch ffôn gyda chi pan fyddwch chi'n mynd allan, trefnwch fod eich ffôn a'ch cyfrifiadur yn blocio rhai safleoedd cyfryngau cymdeithasol.

Gofalwch mai camau bach, syml ydyn nhw a'u bod nhw'n ymddangos fel rhai y gallech chi eu gwneud go iawn.

Beth os bydd rhwystr ar y ffordd?

Cyn gynted ag y byddwch chi wedi ysgrifennu'ch cynllun, meddyliwch beth allai ei atal rhag digwydd. Oes unrhyw ddigwyddiadau annisgwyl a allai eich baglu? Beth am bobl eraill? Allai rhywun fod yn rhwystr ar unrhyw bwynt?

Ar ôl meddwl beth allai rwystro'ch cynnydd, meddyliwch am gynllun bach arall i oresgyn y rhwystr hwnnw.

Mae'r cam olaf i ddod

Trwy wneud hyn, fe fyddwch chi'n barod beth bynnag a ddaw!

149

GWIRIWCH Y CYNLLUN A'I ROI AR WAITH

A dyma ni! Rydych chi wedi gwneud nodyn o'r holl gamau. Nawr, mae angen i chi eu gwirio i weld a oes modd eu cyflawni. Defnyddiwch y rhestr wirio hon:

Ydy e'n realistig?

☐

Does gennych chi ddim bwriad rhedeg marathon, nac oes?

Ai dim ond un nod sydd gennych chi?

☐

Peidiwch â cheisio gwneud mwy nag un eitem ar eich rhestr. Dewiswch un arall pan fyddwch chi wedi delio â'r cyntaf.

Ydy e'n araf?

☐

Does dim brys. Gall eich cynllun gymryd cymaint o amser ag y dymunwch chi, cyn belled â'ch bod yn glynu ato, gam wrth gam.

Ydy e'n hawdd?

☐

Wrth ofalu bod y camau'n rhai bach a hawdd, byddwch yn fwy tebygol o'u cyflawni.

Ydych chi'n barod i'w ddadflocio?

☐

Ydych chi wedi meddwl beth all fynd o'i le, a sut i ddatrys y broblem?

✓✓✓✓✓

PUM TIC?

EWCH AMDANI! Ychydig yn amheus o hyd?

DIGON HAWDD I CHI SIARAD!

Peidiwch â phoeni, gallwch chi wneud hyn.

Mae'r Cynllun 4 Cam Hawdd yn gweithio, hyd yn oed os oes angen i chi fynd i'r afael â phroblem sylweddol.

Cofiwch am yr eliffant neu'r bwmpen – gallwch ei fwyta fesul darn. Y cyfan sydd angen ei wneud yw dal ati i fwyta!

Peidiwch â bod yn llawdrwm arnoch chi eich hun os bydd pethau'n mynd o chwith hanner ffordd drwodd. Ewch yn ôl yn bwyllog at y cynllun a chymryd y camau bach hynny eto – ara deg a bob yn dipyn.

Beth am roi cynnig arni nawr, gan ddefnyddio'r ddwy dudalen nesaf?

FY NGHYNLLUN 4 CAM HAWDD

Fy mhroblem

_____

1. Rhannwch hi'n ddarnau

_____

2. Taniwch syniadau am sut i wneud y darn cyntaf

taflen
ar y wefan
www.llttf.com

3. Dewiswch syniad a gwnewch gynllun i'w roi ar waith

4. Gwiriwch y cynllun a'i roi ar waith

Ydy e'n realistig?

Ai dim ond un nod sydd gennych chi?

Ydy e'n araf?

Ydy e'n hawdd?

Ydych chi'n barod i'w ddadflocio?

™

AMDANI!

RHOWCH GYNNIG AR EICH CYNLLUN

Symud ymlaen gam wrth gam

A chithau nawr wedi defnyddio'r Cynllun 4 Cam Hawdd i gynllunio'r newid cyntaf, mae angen i chi fynd ati i'w wneud e. Swnio'n hawdd? Ond rydyn ni i gyd yn gwybod bod modd i ni weithiau fynd yn sownd neu golli golwg ar y nod. Fe allwn ni golli'r awydd a'r cymhelliant, darbwyllo'n hunain ei fod yn syniad gwael, neu efallai y bydd pethau'n newid ac y bydd angen addasu'r cynllun gwreiddiol. Neu hwyrach y byddwn ni'n anghofio.

Dyna lle gall paratoi cynllun clir i roi'r hyn a ddysgoch chi ar waith fod o gymorth. Gall y daflen gynllunio ar y ddwy dudalen nesaf fod o help mawr i chi. Mae'n eich helpu i wirio'ch cynllun yn iawn – ac yn eich gorfodi i fod yn gwbl glir ynglŷn â'r hyn rydych chi am ei wneud a phryd.

Cofiwch weithio ar eich problem gam wrth gam trwy ddefnyddio'r Cynllun 4 Cam Hawdd a'r taflenni Cynllunio i gynllunio pob cam, un ar y tro (cofiwch am yr eliffant druan!). Gallwch lawrlwytho rhagor o daflenni gwaith am ddim o www.llttf.com.

Dim gwamalu, cynllun amdani!

Taflen Gynllunio

1. Beth ydw i'n mynd i'w wneud?

2. Pryd ydw i'n mynd i'w wneud e?

3. Pa broblemau neu anawsterau allai godi, a sut alla i eu goresgyn nhw?

Ydy'r dasg dwi wedi'i chynllunio –

	Ydy	Nac ydy
Yn ddefnyddiol i wella fy lles?	☐	☐

	Ydy	Nac ydy
Yn benodol, fel y bydda i'n gwybod pan fydda i wedi'i chwblhau?	☐	☐

	Ydy	Nac ydy
Yn realistig, yn ymarferol ac yn bosib ei chyflawni?	☐	☐

BETH I'W WNEUD PAN FYDD PETHAU'N ANODD

Atgoffwch eich hun pam rydych chi'n gwneud hyn

Os ydych chi'n cael trafferth dal ati – er enghraifft, hanner ffordd drwy'ch cynllun pan fydd pethau'n mynd yn anodd – rhowch gynnig ar y syniadau canlynol i'ch atgoffa pam wnaethoch chi ddechrau arni yn y lle cyntaf.

- Nodwch y rhesymau pam rydych chi eisiau gwneud hyn, a rhowch nhw yn rhywle lle gallwch eu gweld.

- Meddyliwch sut byddwch chi mewn 2 neu 3 blynedd pe baech chi'n rhoi'r ffidil yn y to nawr. Nodwch hynny ar bapur a rhowch eich rhestr yn rhywle lle gallwch ei gweld fel ei bod yn eich ysgogi chi.

- Meddyliwch am fanteision llwyddo – gwell iechyd, perthynas well â phobl, cadw swydd, mwy o ffrindiau, mwy o hwyl, rhagor o arian, gwneud yn well yn gyffredinol. Unwaith eto, gwnewch nodyn ohonyn nhw a'u rhoi yn rhywle lle gallwch eu gweld.

- Soniwch wrth gymaint o bobl ag sy'n bosib am yr hyn rydych chi'n ei wneud, fel y gallan nhw eich helpu chi (neu eich atgoffa pan fyddwch chi'n baglu).

Barod am enghreifftiau go iawn?

Os nad ydych chi'n siŵr sut i roi'r cynllun ar gyfer eich problem ar waith, bydd y tudalennau nesaf yn eich helpu.

HOFFWN I WNEUD FFRINDIAU NEWYDD

Cam 1.

Sut mae rhannu 'gwneud ffrindiau newydd' yn gamau bach? Trwy ei newid i fod yn 'gwneud *un* ffrind newydd'. Mae'n llawer haws cysylltu ag unigolyn na cheisio gweddnewid eich hun i fod yn un o hoelion wyth eich cymdogaeth.

Felly, beth am ddweud mai'r cam rydych chi wedi'i ddewis yw 'dod o hyd i, a gwneud, un ffrind newydd'? Gallwch ailadrodd y broses ar ôl i chi lwyddo.

Cam 2.

Dyma sut gallech chi danio'ch syniadau:

- Rhestrwch y bobl hynny rydych chi'n eu hadnabod eisoes yr hoffech iddyn nhw fod yn ffrind i chi.

- Rhestrwch y bobl nad ydych chi wedi siarad â nhw na'u gweld ers tro byd.

- Peidiwch â bwyta ar eich pen eich hun yn y ffreutur – ewch i eistedd gyda phobl eraill.

- Gofynnwch i bobl rydych chi'n eu hadnabod eich cyflwyno i eraill.

- Ymunwch â chlwb neu gymdeithas.

Cam 3.

Beth am ddewis syniad 1 (Rhestrwch y bobl hynny rydych chi'n eu hadnabod eisoes, yr hoffech iddyn nhw fod yn ffrind i chi) a pharatoi cynllun?

- Chwiliwch am rifau ffôn, cyfeiriadau e-bost a chyfeiriadau cartref hen ffrindiau.

- Gwnewch restr o bobl rydych chi wedi cwrdd â nhw am gyfnod byr, a'r rhai rydych chi wedi'u hychwanegu ar Instagram neu wedi cyfnewid rhifau ffôn â nhw, ond heb gysylltu â nhw erioed.

- Os nad oes gennych unrhyw ffordd o gysylltu â nhw, ond eich bod yn gwybod eu henw, anfonwch neges gyfeillgar atyn nhw ar Instagram. Nawr, edrychwch ar rifau'r rhai sydd gennych chi, a'r rhai sydd eisoes yn ffrindiau Instagram i chi.

- Dewiswch un person a'i ffonio neu ei decstio, neu anfonwch neges Instagram ato/ati. Gwahoddwch ef neu hi i astudio gyda chi, mynd am dro neu am baned. Os mai rhywun o'r gwaith neu'r coleg yw'r unigolyn dan sylw, gofynnwch gwestiwn am ddarn anodd o waith.

- Ewch ati i ailadrodd y broses hon gyda'r enw nesaf ar eich rhestr.

Cam 4.

Gwiriwch y cynllun (tudalennau 158–159) ac os oes gennych chi 5 tic, ewch amdani.

A chofiwch, os nad yw'r cynllun hwn yn gweithio, neu os yw'n mynd yn drech na chi hanner ffordd drwyddo, peidiwch â bod yn llawdrwm arnoch chi'ch hun – edrychwch eto ar y syniadau wnaethoch chi eu tanio a dewiswch syniad arall i roi cynnig arno!

Gallwch chi wneud hyn!

DWI ANGEN HELPU FY MHLENTYN I ADOLYGU

Cam 1.

Mae bron pawb yn poeni am arholiadau – mae cymaint i'w wneud, cymaint o bynciau i'w hastudio, ac mae'n anodd gwybod lle i ddechrau arni.

Dyma lle mae'r syniad o 'dalp' neu 'ddarn' yn ddefnyddiol. Peidiwch â cheisio adolygu popeth – gwnewch un pwnc ar y tro. Felly gallai'r darnau fod yn debyg i hyn: Hanes / Daearyddiaeth / Cymraeg / Saesneg / Mathemateg / Gwyddoniaeth... ac ati. Pa ddarn i'w ddewis?

Gadewch i ni ddechrau gyda Hanes – felly dyna Gam 1.

Cam 2.

Wrth danio syniadau posib ar sut i adolygu Hanes, fe allech chi feddwl am y canlynol:

*   Cael copi o'r maes llafur Hanes a darllen y pynciau fesul un gyda'ch plentyn.
*   Paratoi amserlen fel eich bod yn rhoi sylw i bopeth erbyn yr arholiad.
*   Chwilio am ffrind sy'n gwneud yr un arholiad, fel y gallan nhw weithio gyda'i gilydd.
*   Rhannu'r wythnos yn gyfnodau adolygu a pheidio â mynd allan na gwylio'r teledu bryd hynny.
*   Penderfynu ar dridiau'r wythnos i adolygu, a'i annog i ddiffodd ei ffôn symudol neu ei adael gyda chi.
*   Codi pabell yn yr ardd er mwyn iddo wneud ei holl adolygu yno, i ffwrdd oddi wrth y teledu.
*   Mynd i'r llyfrgell i fenthyg llyfrau am dechnegau adolygu.
*   Mynd i aros gyda pherthynas sydd â theledu du a gwyn yn unig.

Cam 3.

Dychmygwch ei fod yn dewis syniad 3 – dod o hyd i ffrind a gweithio gyda'i gilydd. Gallai'r cynllun gynnwys y canlynol:

- Ffonio'i ffrindiau sydd yn yr un dosbarth, fesul un, gan amlinellu'r syniad.
- Taro bargen gyda'r un cyntaf sy'n cytuno.
- Dod at ei gilydd a phenderfynu ar ddiwrnod i ddechrau'r gwaith.
- Penderfynu ble i weithio.
- Trafod y dulliau adolygu, e.e. profi'r naill a'r llall?
- Paratoi beth i'w wneud pan fydd y cymhelliant yn pylu.
- Trafod a chytuno ar drefn o gael gwobr fach am waith da – efallai trip i'r sinema unwaith yr wythnos.

Cam 4.

Gwiriwch y cynllun am 5 tic a'i roi ar waith. A chofiwch, bydd arnyn nhw angen cymhelliant, yn enwedig ar ôl gwneud ambell bwnc ac wrth symud ymlaen at bwnc dydyn nhw ddim yn ei hoffi. Dyma rai o'r pethau y gallech eu glynu ar y wal i'w hatgoffa pam maen nhw'n gwneud hyn:

- Mae canlyniadau arholiadau gwell yn golygu gyrfa well a mwy o arian.
- Mae canlyniadau arholiadau gwael yn golygu llai o ddewis mewn bywyd.
- Mae canlyniadau arholiadau gwael yn golygu y byddan nhw'n gorfod gwneud yr un peth eto y flwyddyn nesaf.
- Mae'r rhan fwyaf yn methu arholiadau oherwydd nad ydyn nhw'n gweithio ar eu cyfer.
- Byddan nhw'n teimlo'n wych ar ôl gwneud pob pwnc, ac yn hapus eu bod wedi gwneud cyfiawnder â nhw'u hunain.
- Hefyd, fe ddylen nhw gynllunio rhywbeth da i edrych ymlaen ato ar ôl yr arholiadau.

Gallwch chi wneud hyn!

165

EICH TRO CHI YW HI NAWR!

Fel mae'r enghreifftiau go iawn yn ei ddangos, mae'r Cynllun 4 Cam Hawdd yn gweithio'n dda. Y cyfan sydd angen ei wneud yw mynd ati gam wrth gam a bod yn bwyllog a phenderfynol.

Os yw un o'n cynlluniau parod ni'n taro deuddeg, defnyddiwch e, da chi!

Ac os oes angen i chi greu eich cynllun eich hun, ewch ati ar unwaith a dechrau rhannu'ch eliffant yn ddarnau llai!

Mae rhagor o gyngor a chymorth ar gael trwy weithio'ch ffordd drwy'r modiwlau ar-lein cysylltiedig sydd ar gael am ddim o www.llttf.com. Pan fyddwch chi wedi datrys eich problem gyfredol, efallai yr hoffech ddewis pennod arall a mynd i'r afael ag agwedd arall ar eich bywyd.

Cofiwch weithio ar eich problem gam wrth gam drwy ddefnyddio'r Cynllun 4 Cam Hawdd a'r taflenni Cynllunio i gynllunio un cam ar y tro (cofiwch am yr eliffant druan!). Gallwch lawrlwytho rhagor o daflenni gwaith am ddim o www.llttf.com.

Amdani!

Cyflwyniad i Bennod 6

Mae'n siŵr y byddai pob un ohonon ni'n hoffi meddwl ein bod ni'n delio â heriau bywyd yn effeithiol ac yn drefnus, gan ystyried y tymor hir a gwneud y dewis iach. Ond, os ydyn ni'n onest, nid felly mae hi bob amser. Efallai ein bod yn gwneud rhai penderfyniadau sy'n iawn fel ateb tymor byr, ond bydd y problemau'n ailgodi eu pennau'n ddiweddarach.

Mae cymaint o ddewisiadau mewn bywyd. Mae rhai o'r dewisiadau pwysicaf yn codi pan mae gormod o bethau da o'n cwmpas. Meddyliwch am hufen iâ. Mae côn sengl yn hyfryd. Ond beth am gôn dwbl gyda sbrincls ar y top? Ac efallai ychwanegu fflêc siocled? Ond sawl hufen iâ allwch chi ei fwyta ar unwaith heb fynd yn sâl? Dau? Pedwar? Beth am 24?

Mae yna enghreifftiau eraill mewn bywyd lle gall rhywbeth fod yn iawn, iach a normal o'i wneud yn gymedrol. Felly, os yw rhywun yn dymuno cael barn ffrind da am ddarn o waith, gall hyn fod yn fuddiol dros ben – bydd yn gyfle i gael adborth defnyddiol ac adeiladol. Ond beth os bydd rhywun yn dechrau teimlo'n orbryderus ac yn amau ei hun a'r hyn mae'n ei wneud? O ganlyniad, mae'n dechrau holi barn ei holl ffrindiau. Mae'n amau ei ddewis ei hun ac yn newid pethau, yn seiliedig ar farn pobl eraill. Cyn hir, bydd ei hyder wedi plymio'n is nag erioed a bydd yntau wedi disgyn i'r cylch cythreulig o ofyn am sicrwydd dro ar ôl tro. Ar y dechrau bydd ei ffrindiau'n hapus i fynegi barn, ond yn colli amynedd wrth iddo ofyn yr un cwestiwn am y deunawfed tro y diwrnod hwnnw.

Mae llawer o ddewisiadau bywyd yn debyg i hyn – y peth pwysig yw penderfynu sut i wneud dewisiadau doeth ynghylch yr hyn rydyn ni'n ei wneud. Bydd y bennod hon o gymorth i chi ddarganfod beth sy'n gwneud dewis yn un buddiol neu'n un di-fudd, ac yn eich helpu i nodi pan fo anawsterau'n codi.

Yn anad dim, cofiwch fod gennych chi ddewis ynglŷn â sut i ymateb – yn fuddiol neu'n ddi-fudd. Chi piau'r dewis.

Pennod 6

Y PETHAU RYDYCH CHI'N EU GWNEUD SY'N GWNEUD DRWG I CHI

(a sut i roi'r gorau iddyn nhw)

CUDDIO RHAG PAWB

Bwyta i godi calon

Yfed alcohol

Gwario gormod

Troi ar bobl

Gwirio popeth dro ar ôl tro

BOD YN ORDDIBYNNOL

cwyno

CYMRYD RISGIAU

Cario clecs

Chwilio am sicrwydd drwy'r amser

Os yw'n gwneud i mi deimlo'n well, pam ddylwn i stopio?

"Gadewch lonydd i mi" neu "Y cwbl dwi eisiau nawr yw siocled!" Rydyn ni i gyd wedi'i ddweud e, ac fel arfer, dydy e ddim yn broblem o gwbl.

Ond pan fyddwch chi'n teimlo'n isel, mae'r pethau sy'n gallu'ch helpu i ymdopi hefyd yn ddrwg i chi.

Mae bod ar ein pen ein hun yn ein hynysu maes o law. Mae un bar o siocled yn troi'n arfer o fwyta er mwyn cael cysur. Mae un ddiod yn troi'n botel gyfan, ac un crafiad yn troi'n gylch o hunan-niweidio peryglus. Mae un cwestiwn, "Wyt ti'n dal yn ffrind i mi?" yn troi'n angen cyson am sicrwydd.

Ac yn hytrach na gwella, rydych chi'n mynd o ddrwg i waeth.

Ond does dim rhaid i hyn ddigwydd! Trowch y dudalen i gymryd y cam cyntaf tuag at reoli'r hyn rydych chi'n ei wneud.

RYDYCH CHI AR Y TRYWYDD IAWN!

Y cam cyntaf yw'r un pwysicaf

Ac rydych chi newydd ei gymryd. Rydych chi wedi gwneud y penderfyniad i rwystro'r arferion a'r ymddygiad di-fudd rhag difetha'ch bywyd.

Nawr, rydyn ni am eich helpu i feddwl am bethau rydych chi'n dueddol o'u gwneud dro ar ôl tro, a dangos dull 4 cam syml i leihau neu ddileu'r arferion hyn yn llwyr.

Sut rydych chi'n gwybod pan mae rhywbeth yn ddrwg i chi?

Trowch drosodd

NID BETH WNEWCH CHI SY'N BWYSIG, OND FAINT WNEWCH CHI

Dydyn ni ddim am ddifetha hwyl neb. Does dim o'i le ar fwyta siocled, treulio amser ar eich pen eich hun, neu fwynhau ychydig o therapi siopa.

Ond pan fyddwch chi'n teimlo'n isel, gallwch ddechrau dibynnu gormod ar y rhain, a'u defnyddio i'ch helpu drwy amser anodd.

Mae arferion ac ymddygiadau eraill hefyd yn gallu bod fel 'propiau'. Fel ymosod ar rywun – yn gorfforol neu'n eiriol. Anafu'ch hun mewn gwahanol ffyrdd. Cuddio a chilio rhag y byd.

Yn anffodus, mae gormod o'r pethau hyn yn gwneud i chi deimlo'n waeth, nid yn well. Rydych chi'n disgyn i gylch cythreulig, yn gwneud rhywbeth sydd i'w weld fel petai'n helpu rhywfaint, ond yna'n darganfod ei fod yn gwneud pethau'n waeth yn y tymor hir.

Ydych chi'n gwneud gormod o rywbeth?

175

Yfed alcohol	2 neu 3 diod yr wythnos	Mwy na 2 neu 3 diod yr wythnos ond ddim yn meddwi
Bwyta i godi calon	Bwyta siocled ac ati'n achlysurol	Bwyta ychydig pan fyddwch chi'n teimlo'n ddiflas
Gwario gormod	Prynu ambell beth sydd at eich dant	Prynu ambell beth sy'n eich herio'n ariannol
Cymryd risgiau	Ystyried risgiau achlysurol fel tipyn o hwyl	Mae'r risgiau yn mynd yn fwy peryglus
Cwyno	Rydych chi'n dweud yn glir beth rydych yn ei deimlo a beth sydd ei angen arnoch	Rydych chi'n cwyno'n aml "dyw hyn ddim yn deg"
Bod yn orddibynnol	Mae gennych chi ddiffyg hyder weithiau	Rydych chi eisiau i eraill wneud penderfyniadau anodd drosoch chi
Troi ar bobl	Rydych chi weithiau'n ddigywilydd pan fyddwch chi'n rhwystredig	Rydych chi'n dechrau ymddwyn yn haerllug
Cario clecs	Rydych chi'n rhoi newyddion da am eich ffrindiau i bobl eraill	Rydych chi'n trafod newyddion da a gawsoch yn gyfrinachol
Dwyn o siopau	Mae eich ffrindiau'n dweud eu bod nhw'n dwyn o siopau ond dydych chi ddim yn dweud wrthyn nhw bod hynny'n anghywir	Rydych chi gyda'ch ffrindiau pan maen nhw'n dwyn, ond dydych chi ddim yn dweud unrhyw beth
Cuddio a chilio	Rydych chi'n dueddol o fod yn dawel mewn sgyrsiau	Rydych chi'n osgoi treulio amser gyda phobl

Rydych chi'n cael diod bob dydd, gan feddwi weithiau	Rydych chi'n meddwi'n gaib pan fyddwch chi'n teimlo'n isel	Rydych chi'n meddwi bob dydd
Rydych chi'n bwyta llawer pan fyddwch chi'n ddiflas	Rydych chi'n bwyta mewn pyliau pan fyddwch chi'n teimlo'n ddiflas	Rydych chi'n bwyta mewn pyliau ac yn gwneud eich hun yn sâl pan fyddwch chi'n teimlo'n ddiflas
Mynd i ddyled – ond dan reolaeth	Yn gwario llawer mwy na'ch enillion bob wythnos – gan anwybyddu'r goblygiadau	Dim credyd ar ôl, ac wedi'ch parlysu a'ch llethu gan ddyledion
Rydych chi'n dechrau cael mân anafiadau	Rydych chi'n gwneud pethau fyddai'n arwain at driniaeth mewn ysbyty pe bydden nhw'n mynd o chwith	Rydych chi'n gwneud pethau a allai fod yn angheuol i chi neu i eraill
Rydych chi'n cynhyrfu'n lân os na chewch chi eich ffordd eich hun	Rydych chi'n cynhyrfu'n lân ac yn pechu pobl eraill hefyd	Rydych chi wedi cynhyrfu cymaint fel eich bod yn osgoi gwneud pethau ac yn ffraeo gyda phawb
Rydych chi'n gofyn am farn pobl eraill drwy'r adeg	Rydych chi angen i bobl eraill fod wrth law i wneud i chi deimlo'n iawn	Mae eich hyder chi'n chwilfriw – allwch chi ddim wynebu unrhyw beth ar eich pen eich hun
Rydych chi'n aml yn brifo pobl dydych chi ddim yn eu hoffi	Rydych chi'n gas tuag at y bobl rydych chi'n eu caru pan fyddwch chi'n teimlo'n rhwystredig	Rydych chi'n ymladd ag eraill yn aml – gan frifo'ch hun ac achosi niwed i eraill
Rydych chi wrth eich bodd yn trafod cyfrinachau pobl eraill	Mae gennych chi enw fel rhywun na ellir ymddiried ynddo/i	Does neb yn ymddiried ynoch chi, ac rydych chi'n teimlo'n unig
Rydych chi'n dwyn rhywbeth bach gan ddweud "sdim ots"	Rydych chi'n dwyn pethau mwy a mwy yn amlach	Rydych chi'n parhau i ddwyn o siopau ac yn dwyn mewn ffyrdd eraill hefyd
Rydych chi'n croesi'r ffordd er mwyn osgoi sgwrsio â phobl rydych yn eu hadnabod	Rydych chi'n colli hyder ac yn ei chael hi'n anodd gwybod sut i gychwyn sgwrs	Rydych chi'n aros i mewn drwy'r adeg, gan deimlo'n orbryderus, yn isel a llawn panig

Am leihau'r arferion hyn neu roi'r gorau iddyn nhw? **Trowch drosodd!**

IAWN.
FELLY MAE
ANGEN I CHI
WEITHIO
AR RYWBETH

Dyma sut...

Yn gyntaf, peidiwch â bod yn rhy lawdrwm arnoch chi'ch hun. Mae'r rhan fwyaf ohonon ni'n mynd i rigol o wneud pethau di-fudd pan fyddwn ni'n teimlo'n isel. Mae'n ddrwg i chi, ac yn aml mae'n ddrwg i bobl eraill hefyd.

Mae'r ffaith eich bod chi'n darllen hwn yn profi eich bod ar y trywydd iawn i wella pethau.

Y cyfan sydd angen i chi ei wneud yw dewis un math o ymddygiad sy'n peri problem i weithio arno, a dilyn ein Cynllun 4 Cam Hawdd.

Yn gyntaf, dewiswch broblem

Y pethau sy'n ddrwg i chi

Ydych chi'n:

	Tic
Bwyta gormod o bethau melys?	☐
Segura drwy'r dydd?	☐
Gwario rhy ychydig neu ormod?	☐
Osgoi cymryd unrhyw dabledi presgripsiwn fel y dylech?	☐
Cadw'ch gofidiau i chi'ch hun?	☐
Edrych at eraill am gymorth byth a beunydd?	☐
Gweiddi ac arthio ar bobl?	☐
Ymddiried mewn pobl dydych chi ddim yn eu hadnabod mewn gwirionedd?	☐
Defnyddio'r ffôn yn rhy aml?	☐
Cuddio a chilio?	☐

taflen
ar y wefan
www.llttf.com

Ymddwyn yn fyrbwyll ynglŷn â phethau pwysig?

Tic

Paratoi'ch hun i fethu/cael eich gwrthod?

Tic

Yn gaeth i'r teledu/rhyngrwyd?

Tic

Dibynnu ar bobl eraill i ddatrys pob problem?

Tic

Gwneud, gwneud, gwneud?

Tic

Yfed gormod o alcohol/coffi/cola i roi hwb i chi?

Tic

Cysgu drwy'r dydd?

Tic

Osgoi gwneud pethau?

Tic

Poeni byth a beunydd?

Tic

Arall: nodwch yma unrhyw beth arall rydych chi'n ei wneud sy'n ddrwg i chi

Y ffordd yma at rywbeth da

NAWR DEWISWCH RYWBETH I'W WNEUD SY'N HELPU

Dewiswch ymateb call

Gall hyd yn oed y newid lleiaf i'r hyn rydych chi'n ei wneud, neu sut rydych chi'n ymateb, wneud byd o wahaniaeth.

Fel beth?

Beth am gynllunio a pharatoi ar gyfer noson dda o gwsg? Neu roi cynnig ar wneud rhywbeth sy'n rhoi hwb i chi, fel hobi, cael bath hyfryd a hamddenol, neu wrando ar gerddoriaeth? Dewiswch rywbeth rydych chi'n teimlo y gallech gael eich ysgogi i'w wneud, ac wrth gwrs rhywbeth rydych chi'n teimlo y gallwch chi ddal ati i weithio arno.

Mae llawer o bethau buddiol y gallech eu gwneud. Dewiswch un neu fwy o bethau y gallech eu gwneud yn hytrach na'r pethau rydych chi'n eu gwneud sy'n ddrwg i chi ac yn creu trafferth i chi.

Rhestr wirio pethau buddiol ar y ffordd!

Y pethau rydych chi'n eu gwneud sy'n helpu

Ydych chi'n:

Bwyta'n iach ac yn rheolaidd?

Tic
[ ]

Neilltuo digon o amser i gysgu?

Tic
[ ]

Dal ati i wneud pethau rheolaidd, fel gwaith tŷ?

Tic
[ ]

Gwneud pethau gyda phobl eraill?

Tic
[ ]

Gwneud pethau sy'n codi'ch calon?

Tic
[ ]

Rhannu problemau â ffrindiau a pherthnasau rydych chi'n ymddiried ynddyn nhw?

Tic
[ ]

Dysgu mwy am sut rydych chi'n teimlo?

Tic
[ ]

Gadael llonydd i deimladau sy'n eich cynhyrfu?

Tic
[ ]

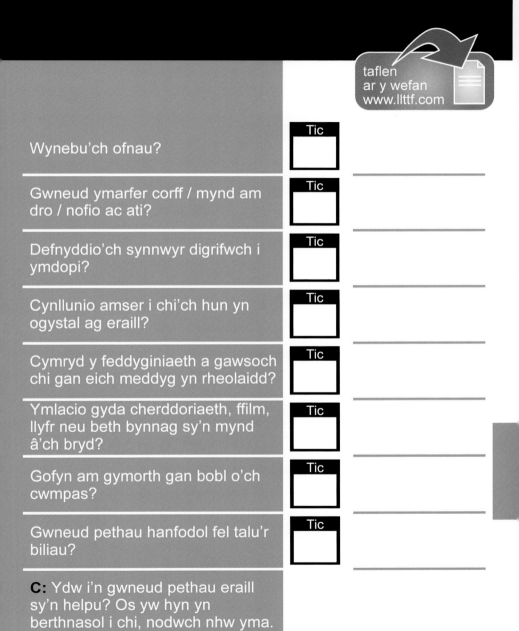

taflen ar y wefan www.llttf.com

	Tic
Wynebu'ch ofnau?	☐
Gwneud ymarfer corff / mynd am dro / nofio ac ati?	☐
Defnyddio'ch synnwyr digrifwch i ymdopi?	☐
Cynllunio amser i chi'ch hun yn ogystal ag eraill?	☐
Cymryd y feddyginiaeth a gawsoch chi gan eich meddyg yn rheolaidd?	☐
Ymlacio gyda cherddoriaeth, ffilm, llyfr neu beth bynnag sy'n mynd â'ch bryd?	☐
Gofyn am gymorth gan bobl o'ch cwmpas?	☐
Gwneud pethau hanfodol fel talu'r biliau?	☐

C: Ydw i'n gwneud pethau eraill sy'n helpu? Os yw hyn yn berthnasol i chi, nodwch nhw yma.

Nawr, defnyddiwch y Cynllun 4 Cam Hawdd i newid pethau.

At y Cynllun

Torri'r broblem yn ddarnau

Mae'n anodd stopio gwneud rhywbeth ar unwaith, yn enwedig os ydych chi wedi bod wrthi ers amser maith, felly rhaid ei dorri'n ddarnau haws.

Felly, os ydych chi wedi colli'ch hyder ac yn cuddio a chilio rhag y byd, beth allech chi ei wneud? Gallech dorri'r wythnos yn ddarnau llai a phenderfynu gwneud rhywbeth gyda rhywun arall bob dydd Llun, er enghraifft.

Ond peidiwch â cheisio bod yn enaid llon y parti'n sydyn – ewch ati i weithio ar ran fach o'r broblem, fel mynd allan o'r tŷ.

Neu os ydych chi'n gwario gormod, dechreuwch drwy roi'r gorau i siopa ar-lein.

Mae modd torri'r rhan fwyaf o broblemau'n ddarnau llai fel hyn, ac rydych chi'n llawer mwy tebygol o lwyddo wrth wneud pethau gam wrth gam.

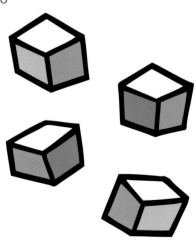

Tanio syniadau i wneud y darn cyntaf

Ar ddalen o bapur, nodwch yr holl bethau y gallech chi eu gwneud i weithio ar ddarn cyntaf y broblem.

Er mwyn cwrdd â rhywun ar ddyddiau Llun, er enghraifft, gallech wahodd ffrind draw, cwrdd ag un person neu fwy yn rhywle tawel a chyfforddus, neu roi cynnig ar wneud rhywbeth bach fel anfon e-bost, tecstio neu ffonio rhywun. Gwnewch unrhyw beth sy'n eich ailgysylltu ag eraill ac yn symud pethau ymlaen.

Y gamp yw bod yn greadigol a rhyddhau'ch meddwl. Cofiwch wneud nodyn o bopeth – y pethau gwirion a'r pethau synhwyrol.

Gwnewch hyn, ac rydych chi'n siŵr o ddod o hyd i syniad da yn rhywle.

TROWCH DROSODD AR GYFER CAMAU 3 a 4

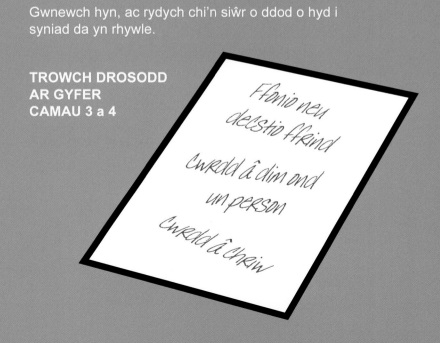

Dewiswch syniad a gwnewch gynllun i'w roi ar waith

Edrychwch ar eich rhestr o syniadau a dewiswch un y tybiwch y gallwch ei gyflawni. Cofiwch, y ffordd orau o wneud newid mawr yn eich bywyd yw torri popeth yn gyfres o ddarnau llai. Gofalwch mai camau bach, hawdd ydyn nhw – pethau y tybiwch y gallech eu gwneud go iawn.

Dewiswch rywbeth:
- Buddiol er mwyn i chi ddeall neu newid eich ffordd.
- Penodol, fel eich bod yn gwybod eich bod wedi'i gyflawni.
- Realistig, ymarferol a phosib.

Gallai'r camau fod mor fach ag y dymunwch iddyn nhw fod.

Nawr, cynlluniwch beth fyddwch chi'n ei wneud a phryd.
- *Beth* fyddwch chi'n ei wneud?
- *Pryd* fyddwch chi'n ei wneud e?

Gofalwch nad yw'ch cynllun yn eich gwthio'n rhy bell nac yn rhy gyflym. Pwyll piau hi, fel eich bod yn symud ymlaen gam wrth gam.

Ydych chi am gyfarfod ffrind ddydd Llun? Mae angen i chi drefnu pethau ddiwrnod neu ddau ynghynt. Ar y dydd Sadwrn, tecstiwch eich ffrind a gofyn iddo neu iddi ddod draw nos Lun. Gofynnwch a yw'n gyfleus, neu a fyddai amser arall yn well.

Beth os bydd rhywbeth yn eich rhwystro?

Cyn gynted ag y byddwch chi wedi gwneud nodyn o'ch cynllun, meddyliwch beth allai ei atal rhag digwydd. Oes unrhyw broblem a allai godi i'ch baglu?

- Beth allai godi, a sut allech chi oresgyn unrhyw broblemau?

Pan fyddwch chi'n gwybod beth allai rwystro'ch cynnydd, gwnewch gynllun bach i'w oresgyn. Fel hyn, byddwch yn barod beth bynnag ddaw!

Gwiriwch y cynllun a'i roi ar waith

A dyna ni! Rydych chi wedi creu'ch cynllun – yr unig beth sydd angen ei wneud nawr yw gwneud yn siŵr ei fod yn bosib. Defnyddiwch y rhestr wirio hon:

Ydy e'n realistig?
Does gennych chi ddim bwriad rhedeg marathon, nac oes?

Ai dim ond un nod sydd gennych chi?
Peidiwch â cheisio gwneud mwy nag un eitem ar eich rhestr. Dewiswch un arall pan fyddwch chi wedi datrys y cyntaf.

Ydy e'n araf?
Does dim brys. Gall eich cynllun gymryd cymaint o amser ag y dymunwch chi, cyn belled â'ch bod yn glynu ato, gam wrth gam.

Ydy e'n hawdd?
Wrth ofalu bod y camau'n rhai bach a hawdd, byddwch yn fwy tebygol o'u cyflawni.

Ydych chi'n barod i'w ddadflocio?
Ydych chi wedi meddwl beth all fynd o'i le a sut i ddatrys y mater?

PUM TIC?

✓✓✓✓✓

EWCH AMDANI!

NAWR DALIWCH ATI!

Mynd ati gam wrth gam

Mae modd mynd i'r afael â phroblem sy'n ymddangos yn anferth gyda'r Cynllun 4 Cam Hawdd. Y gyfrinach yw torri popeth yn ddarnau llai, haws eu trin.

Wrth greu'ch cynllun, gofalwch fod y camau'n rhai bach a hawdd eu cyflawni. Ewch ati i docio'r agweddau ac arferion di-fudd a phlannu rhai buddiol yn eu lle.

Wrth i chi roi'ch cynllun ar waith, ewch ati gam wrth gam, ac os yw pethau'n anodd neu'n heriol hanner ffordd drwyddi, cymerwch hoe fach. Os yw pethau'n teimlo'n drech na chi – cymerwch gam yn ôl a gwnewch rywbeth ychydig bach yn haws am y tro.

Yna, ailgydiwch ynddi nes eich bod chi wedi rhoi'ch cynllun ar waith.

Pwyll piau hi – byddwch yn benderfynol, defnyddiwch y Cynllun 4 Cam Hawdd, a gallwch stopio gwneud pethau sy'n ddrwg i chi ac yn creu trafferth i chi, gan ddysgu sut i ymateb mewn ffyrdd mwy buddiol.

Defnyddiwch y daflen gynllunio ar y ddwy dudalen nesaf i'ch helpu i gynllunio'r newidiadau hyn.

Amdani!

Gwnewch gynllun!

1. Beth ydw i'n mynd i'w wneud?

2. Pryd ydw i'n mynd i'w wneud e?

3. Pa broblemau neu anawsterau allai godi, a sut alla i eu goresgyn nhw?

taflen
ar y wefan
www.llttf.com

Ydy'r dasg dwi wedi'i chynllunio –

Yn fy helpu i ddeall neu
newid fy hun?

Ydy   Nac ydy

Yn benodol, fel y bydda i'n
gwybod pan fydda i wedi'i
chwblhau?

Ydy   Nac ydy

Yn realistig, yn ymarferol
ac yn bosib ei chyflawni?

Ydy   Nac ydy

Cyflwyniad i Bennod 7

Ydych chi bob amser yn bwyllog? Yn cadw'ch pen pan fydd rhywun yn cario mwd ar eich carped? Yn hapus pan fydd rhywun yn dweud rhywbeth cas amdanoch chi wrth eraill? Oni bai eich bod chi'n sant (ac mae hyd yn oed seintiau yn colli'u tymer weithiau!), mae'n siŵr bod yna bethau'n digwydd bob dydd neu bob wythnos sy'n ein gwylltio ni ryw fymryn.

Gall digio fod yn briodol weithiau. Os bydd rhywbeth annheg yn digwydd, mae'n gwbl iach a normal i ni fod yn flin – pethau fel tlodi, anghyfiawnder, anghydraddoldeb... mae yna restr faith o bethau y dylen ni i gyd fod yn ddig ynglŷn â nhw. Fodd bynnag, mae penderfynu a ydy'r dicter hwnnw'n gynhyrchiol ac yn fuddiol yn ymwneud hefyd â'r dewisiadau a wnawn ni ynglŷn â'r ffordd rydyn ni'n ymateb.

Mae sut rydyn ni'n dewis ymateb pan fyddwn ni'n flin yn bwysig dros ben. Ydyn ni'n colli rheolaeth ac yn strancio? Ydyn ni'n gweiddi, yn rhegi neu'n gwylltio'n gacwn? Pan fyddwn ni'n colli rheolaeth fel hyn, efallai y byddwn ni'n teimlo'n bwerus ar y pryd – ond yn y tymor hirach fe allwn ni fynd yn ynysig. Bydd pobl yn ein hosgoi ac yn cadw draw, yn ddrwgdybus ohonon ni, ac efallai y byddwn yn teimlo'n wael am golli'n limpin yn hytrach nag ymateb yn aeddfed.

Felly, sut allwn ni bwyllo pan fyddwn ni'n dechrau gwylltio fel ein bod yn ymateb mewn ffyrdd gwell? Ffyrdd aeddfed sy'n datrys problemau yn hytrach nag ychwanegu atyn nhw? Unwaith eto, mae'n golygu dewisiadau – dewisiadau i ymateb yn wahanol. Mae'r bennod hon yn esbonio sut i fynd ati a rheoli'r sefyllfa, fel bod eich dicter yn gweithio o'ch plaid yn hytrach nag yn eich erbyn.

Pennod 7

YDYCH CHI'N DDIGON CRYF I REOLI'CH TYMER?

(ar gyfer yr adegau pan fyddwch chi'n bigog ac yn ddig)

Paid â chwerthin am fy mhen

Llai o'r sŵn 'na!

Mae hi'n fy nghorddi i

'Sgen ti broblem gyda hynny?

Dwyt ti byth yn gwrando

PAID AG ATEB YN ÔL

TI SY'N GWNEUD I MI WNEUD HYN!

Pam ti'n sbio arna i fel 'na?

Roedd e'n gofyn amdani

PAID Â MEIDDIO SIARAD FEL 'NA GYDA FI!

Mae e'n dân ar fy nghroen i

Esgusodion, esgusodion

Pa 'reswm' ydych chi'n ei ddefnyddio wrth wylltio'n gacwn?

Wnaeth rhywun arall ddweud rhywbeth, gwneud rhywbeth neu anghofio gwneud rhywbeth? Efallai eich bod wedi dechrau dadlau am rywbeth a bod y person arall yn gwrthod gwrando. Oedd aelod o'r teulu neu gymydog yn rhy swnllyd? Ai'ch plentyn, eich brawd, chwaer neu ffrind gorddodd chi?

Beth bynnag oedd eich esgus, a faint bynnag roeddech chi'n teimlo fel rhuo a rhefru ar y pryd, y gwir amdani yw na fydd gwylltio'n mynd â chi i unlle.

Heblaw am eich arwain i drwbwl, i'r ysbyty, ac i golli'ch perthynas â phobl eraill. Os byddwch chi'n colli'ch tymer yn aml, rydych chi'n siŵr o golli popeth yn y pen draw.

A beth bynnag, plant sy'n strancio.

Dyna sy'n digwydd pan fyddwch chi'n ei cholli hi. Pan mai'r cyfan sydd ar eich meddwl yw strancio a thaflu'r holl deganau allan o'r pram. Pan nad ydych chi'n gwybod y gwahaniaeth rhwng bod yn gryf a bod yn ymosodol.

Am wybod ein barn ni?

MAE PARHAU I DDADLAU YN ARWYDD O WENDID

Ddim yn swnio'n iawn, nac'di?

Mae llawer yn dweud bod sefyll yn gadarn yn arwydd o gryfder ac y dylech chi barchu pobl nad ydyn nhw'n cymryd dim lol.

Ond meddyliwch am y peth. Beth sy'n digwydd pan fyddwch chi'n colli'ch tymer? Rydych chi'n colli rheolaeth ac yn mynd i drwbwl. Bydd pobl yn eich osgoi chi. Yn y diwedd, byddwch chi ar eich pen eich hun.

Beth sydd mor gryf am hynny?

Oni fyddai'n well i chi BEIDIO â gweiddi a cholli'ch limpin gyda rhywun? Oni fyddai'n well i bobl eich edmygu am gadw'ch pen a chadw rheolaeth?

Gall y bennod hon eich helpu i wneud hynny, ond bydd angen i chi fod yn gryf. Dipyn yn fwy cryf na'ch hunan blin.

Y stwff cryf sy nesaf

BYDD BWYLLOG, BYDD GRYF

Meddyliwch am gynllun arall

Mae pobl gryf, bwyllog, dan reolaeth yn dewis osgoi gwrthdaro yn y lle cyntaf, neu'n dewis ymateb yn wahanol pan maen nhw'n dechrau teimlo eu bod yn gwylltio.

Mae angen cryn gryfder i wneud hyn. Mae'n llawer haws colli'ch limpin, gweiddi neu regi, stampio'ch traed neu daflu dwrn.

Ond bydd y bennod hon yn eich helpu i wneud y dewis anoddach. Trwy ddewis y cynllun 3 cham y byddwn ni'n edrych arno yn y man, byddwch yn dod i adnabod eich tymer eich hun a sut i'w gadw dan reolaeth.

Fe fyddwch yn fwy pwyllog, yn dawelach ac yn gryfach. A bydd y bobl sy'n bwysig i chi yn gwybod eich bod chi'n berson llawer cryfach nag oeddech chi'n arfer bod.

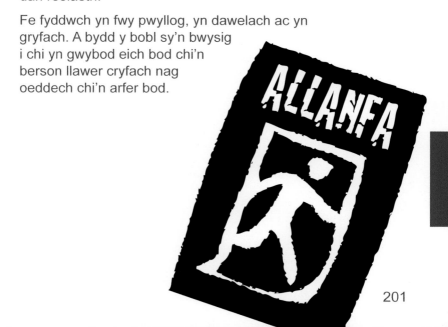

201

'SGEN TI BROBLEM GYDA HYNNY?

Dyw colli'ch pen ddim yn arwydd o gryfder

Os ydych chi'n dal i feddwl nad yw colli rheolaeth arnoch chi'ch hun yn beth twp, meddyliwch am hyn:

Dychmygwch eich bod yn gyrru car cyflym, yn cyrraedd hen dro cas a bod y ffordd yn llithrig. Bydd angen i chi ddefnyddio'ch holl sgiliau i aros ar y ffordd, felly rydych chi'n anadlu'n ddwfn, yn cofio popeth ddysgoch chi am yrru, yn dal y llyw yn dynn ac yn rheoli'r car nes bod y perygl wedi mynd.

Beth fyddai'n digwydd pe baech chi'n ei cholli hi, yn lle hynny? Pe baech chi'n gadael i'ch tymer gael y gorau arnoch chi a'ch bod yn gwylltio gyda'r tro am ei fod yn dro mor gas? Byddech chi'n sgidio – a byddech chi, y car a'ch teithwyr yn glanio yn y ffos, yn yr ysbyty neu mewn mynwent hyd yn oed.

Yn eich bywyd, rydych chi bob amser yn y car yna. Eich nod yw cwblhau'r daith mewn un darn. Dim ond un peth arall sy'n eich corddi chi yw'r hen dro cas yna.

Defnyddiwch eich sgiliau i gadw rheolaeth. Os collwch chi'ch tymer, fe gollwch chi reolaeth.

Wedi colli rheolaeth!

Beth yw'r manteision i chi?

BETH YW'R MANTEISION I MI?

Parch!

Yr hunan-barch rydych chi'n ei ennill wrth gadw rheolaeth a defnyddio'ch sgìl a'ch cryfder i ddelio â sefyllfa anodd.

Parch gan eich ffrindiau a'ch teulu sy'n edrych arnoch chi mewn ffordd wahanol, gan ddechrau sylweddoli eich bod yn gryfach nag oedden nhw wedi'i feddwl.

Parch gan ddieithriaid sy'n gwybod eich bod wedi helpu i wneud pethau'n well yn hytrach nag yn waeth, drwy siarad yn dawel neu gerdded i ffwrdd oddi wrth sefyllfaoedd blin.

Does fawr ddim yn bwysicach na gwneud penderfyniadau da. Os ydych chi'n cytuno, ac yn meddwl eich bod yn ddigon cryf i roi cynnig ar ein cynllun 3 cham, trowch i'r dudalen nesaf ac...

Ewch amdani!

MAE'N HAWDD BOD YN GRYF

Mor hawdd ag...

Adnabod yr hyn sy'n eich corddi

Meddyliwch beth sy'n eich gwylltio. Y bobl neu'r lleoedd sydd fel petaen nhw wastad yn eich cythruddo. Pan fyddwch chi'n adnabod yr hyn sy'n eich corddi, gallwch eu hatal rhag cael eu tanio.

Adnabod eich system rhybudd cynnar

Rydych chi'n teimlo'n wahanol ychydig cyn colli'ch limpin. Mae rhai'n anadlu'n drwm, ac eraill yn teimlo'r gwaed yn curo fel gordd yn eu clustiau. Dysgwch sut i adnabod yr arwyddion hyn er mwyn symud i gam 3 cyn iddyn nhw achosi helynt.

Adnabod eich diangfeydd

Rydych chi'n penderfynu ymateb yn wahanol y tro hwn. Mae rhai pobl yn oedi ac yn cyfri i 10, neu'n penderfynu cerdded i ffwrdd. Mae gan eraill ryw ddywediad neu frawddeg i'w helpu i leddfu'r sefyllfa. Pan fydd gennych chi dipyn o'r rhain wrth gefn, byddwch yn gallu aros mewn rheolaeth waeth beth fydd yn digwydd.

Anadlwch!

Cyn gynted ag y byddwch chi wedi ymateb yn wahanol, cofiwch eich canmol chi eich hun. Rydych chi'n gryf. Mewn rheolaeth. Rydych chi wedi llywio'r car rownd y tro cas heb golli rheolaeth.

Roeddech chi'n ddigon cryf i reoli'ch tymer.

Rhowch gynnig arni

207

ADNABOD YR HYN SY'N EICH CORDDI

Beth sydd wastad yn eich cythruddo?

Rhywbeth mae rhywun yn ei ddweud gartre? Beth am eich ffrindiau? Pobl eraill? Beth am bobl sy'n swnllyd o'ch cwmpas, neu'n dweud wrthych chi beth i'w wneud?

Ai'ch brawd/chwaer, eich bòs, y llywodraeth, yr heddlu, wardeiniaid traffig, neu yrwyr faniau gwyn ydy'r drwg yn y caws? Ydych chi'n dioddef o'r cythraul gyrru? (A dweud y gwir, nid chi sy'n dioddef wrth gwrs – ond y rhai o'ch cwmpas chi.)

Beth sy'n digwydd pan fyddwch chi'n yfed alcohol? Ydy'r broblem yn waeth bryd hynny? A phan fyddwch chi ar noson allan, ydy bod gyda'ch ffrindiau yn gwneud i chi deimlo awydd dadlau neu ymladd?

Mae'r rhain i gyd yn bethau sy'n gallu corddi. Rhaid i chi feddwl amdanyn nhw er mwyn gwybod yn union pa rai sy'n berthnasol i chi. Yna, mae angen i chi eu nodi ar y ddwy dudalen nesaf.

Pam? Oherwydd pan fyddwch chi'n adnabod yr hyn sy'n eich corddi chi, gallwch eu hatal rhag cael eu tanio. Ewch i lefydd gwahanol. Treuliwch amser gyda ffrindiau gwahanol. Anwybyddwch sylwadau pobl eraill. Rheolwch y car, llywiwch eich ffordd o gwmpas y tro cas, ac anghofiwch beth mae gyrwyr eraill yn ei wneud.

Y ffordd yma at yr hyn sy'n eich corddi chi

209

Yr hyn sy'n fy nghorddi i

Rhestrwch y pethau sy'n gwneud
i chi golli'ch tymer neu deimlo'n flin

Beth sy'n fy nghorddi i?

taflen
ar y wefan
www.llttf.com

Beth sy'n fy nghorddi i?

1 2 3 Anadlwch!

ADNABOD EICH SYSTEM RHYBUDD CYNNAR

Ar bigau'r drain?

Meddyliwch am y tro diwethaf i chi golli'ch tymer. Sut roeddech chi'n teimlo yn union cyn hynny? Ydych chi'n cofio beth ddigwyddodd, yn gorfforol neu'n feddyliol?

Efallai eich bod wedi dechrau anadlu'n drwm, wedi cau'ch dyrnau, sefyll i fyny'n sydyn, plethu'ch breichiau, neu ddrymio'r bwrdd â'ch bysedd. Mae rhai pobl yn gweld rhyw niwlen goch o flaen eu llygaid.

Neu hwyrach bod eich rhybuddion cynnar i gyd yn eich pen. Rydych chi'n dechrau teimlo'n feirniadol o rywun arall. Does gennych chi fawr o feddwl o sut mae'n edrych, ei lais, ei ddillad, ei farn. Hwyrach eich bod yn teimlo bod pobl eraill yn eich anwybyddu neu'n eich bychanu chi.

Mae'r arwyddion hyn i gyd yn ddefnyddiol, gan eu bod nhw'n eich rhybuddio eich bod ar fin ei cholli hi. Maen nhw'n debyg i arwydd ffordd sy'n dweud 'Tro cas o'ch blaen'.

Meddyliwch am yr arwyddion sy'n berthnasol i chi, a gwnewch nodyn o gymaint â phosib dros y ddwy dudalen nesaf.

Rhestr i ddilyn

1 2 3 Anadlwch!

Fy system rhybudd cynnar

Gwnewch nodyn o bopeth rydych chi'n ei feddwl
ac yn ei deimlo, yn union cyn i chi ei cholli hi

Teimlo'n boeth neu'n anadlu'n drwm (er enghraifft)

taflen
ar y wefan
www.llttf.com

Beth i'w wneud pan fyddwch chi'n dechrau teimlo fel hyn...

DEFNYDDIO'R DDIHANGFA

Dyma pryd fyddwch chi'n ymateb yn wahanol

Dyma pryd fyddwch chi'n cyfri i 10, neu'n newid y pwnc, neu'n cerdded i ffwrdd, neu'n eistedd i lawr, yn ymlacio'ch ysgwyddau ac yn anadlu'n drwm.

Mae rhai'n 'chwarae' rhyw ddarn o gerddoriaeth yn eu pen wrth iddyn nhw gael un o'u harwyddion rhybudd cynnar.

Mae gan eraill eiriau penodol maen nhw'n eu sibrwd iddyn nhw eu hunain er mwyn lleddfu'r sefyllfa (mae 'tro cas, gofal piau hi ar y ffordd o'th flaen' yn rhai da).

Mae angen i chi gael dewis o ddiangfeydd a bod yn barod i ddefnyddio un pan gewch chi arwydd rhybudd cynnar.

Gallwch greu eich diangfeydd eich hun, wrth gwrs, sy'n cyd-fynd â rhai o'r pethau ar y rhestr wnaethoch chi o'r hyn sy'n eich corddi. Neu gallwch droi'r dudalen a gweld rhai o'r diangfeydd mae pobl eraill yn eu defnyddio. Mae croeso i chi eu benthyca nhw.

Mwy o syniadau y ffordd yma

RHAGOR O DDIANGFEYDD

Gwenwch

Pan fyddwch chi'n teimlo'ch wyneb neu'ch dyrnau'n tynhau, gwnewch i'ch hun wenu a theimlwch yr holl densiynau'n diflannu. Yn hytrach na sgyrnygu dannedd, beth am roi gwên lydan sy'n goleuo'ch wyneb i gyd? Bydd pobl eraill yn sylwi, a phethau'n ymdawelu.

Dywedwch, "Efallai eich bod chi'n iawn ynglŷn â hynny"

Mae hyn yn gweithio orau pan fyddwch chi wir yn anghytuno â rhywun. Yn hytrach na ffraeo a gwylltio, gallech ddweud, "Efallai eich bod yn iawn ynglŷn â hynny". Does dim rhaid i chi ei feddwl e – dyw e'n ddim byd ond dihangfa. Yn aml, bydd y person arall wedi synnu gymaint fel bod yr holl dyndra'n diflannu.

Eisteddwch

Pan fyddwn ni ar fin ffrwydro mae'n rhaid i ni fod ar ein traed, fel y gallwn ymladd neu redeg neu ymddangos yn fwy nag ydyn ni mewn gwirionedd.

Ond mae'n llawer anoddach mynd i drwbwl os ydych chi ar eich eistedd, felly pan gewch chi rybudd cynnar, arhoswch yn eich sedd neu ewch i chwilio am gadair.

Hymiwch

O ddifri. Beth yw eich hoff gân? Ewch i'r arfer o'i hymian i chi'ch hun pan gewch chi rybudd cynnar. Defnyddiwch hi i newid eich ffocws. Mae'n gweithio hyd yn oed yn well gyda chaneuon araf, ymlaciol.

Gair i gloi

ANADLWCH

Ymlaciwch eich ysgwyddau ac anadlu'n araf

Yn aml, mae'ch ysgwyddau bron â chyrraedd eich clustiau pan fydd y tensiwn yn codi. Os byddwch chi'n sylwi ar hyn mewn da bryd ac yn gwneud pwynt o ymlacio a gadael iddyn nhw ddisgyn, byddwch yn llwyddo i ymdawelu ac i dawelu eraill hefyd. Anadlwch yn araf a meddwl am y troeon cas wrth i chi wneud hyn.

Wrth anadlu, caewch eich ceg – mae'n anodd goranadlu drwy'ch trwyn.

Ac wrth i chi anadlu, ailgysylltwch â'ch corff ac â'ch amgylchedd. Defnyddiwch hynny i ganoli'ch hun – i gamu'n ôl a sylwi ar sut rydych chi'n ymateb.

Amser i oedi, stopio a myfyrio.

Defnyddiwch eich anadlu i ganolbwyntio a newid sut rydych chi'n ymateb.

Teimlo'n braf, on'd yw hi?

FELLY Y TRO NESAF

Dilynwch y cynllun

1 Adnabod yr hyn sy'n eich corddi

Ewch ati i adnabod yr hyn sy'n eich corddi – y pethau hynny sydd ar eich rhestr. Pan fyddwch chi'n eu hadnabod, gallwch ofalu nad ydyn nhw'n cael eu tanio.

2 Adnabod eich system rhybudd cynnar

Dysgwch beth yw eich arwyddion rhybudd a chadwch lygad amdanyn nhw er mwyn i chi symud ymlaen i gam 3 cyn iddyn nhw achosi helynt.

3 Adnabod eich diangfeydd

Ymatebwch yn wahanol. Ewch ati i gyfri i 10, cerdded i ffwrdd, adrodd yr ymadrodd, hymian y dôn. Beth bynnag yw'r diangfeydd rydych chi wedi'u dewis, defnyddiwch un cyn gynted ag y cewch chi'r arwydd rhybudd cynnar.

Anadlwch!

Nawr, dangoswch barch tuag atoch chi'ch hun.

Rydych chi'n bwerus. Rydych chi mewn rheolaeth. Rydych chi wedi llywio'r car o gwmpas y tro cas heb ei cholli hi.

Rydych chi'n ddigon cryf i reoli'ch tymer! Nawr, mae'n bryd creu cynllun. Dewiswch un peth i'w ymarfer neu ei newid. Yna, defnyddiwch y daflen gynllunio ar dudalennau 224–225 i roi'r dechrau gorau i chi.

Ar ôl i chi orffen, defnyddiwch y daflen adolygu ar dudalennau 226–227 i weld pa hwyl rydych chi'n ei chael arni.

Gwnewch gynllun

Amdani!

Dim gwamalu, cynllun amdani!

1. Beth ydw i'n mynd i'w wneud?

2. Pryd ydw i'n mynd i'w wneud e?

3. Pa broblemau neu anawsterau allai godi, a sut alla i eu goresgyn nhw?

taflen ar y wefan www.llttf.com

Ydy'r dasg dwi wedi'i chynllunio –

Yn ddefnyddiol i wella fy lles?

Ydy	Nac ydy
☐	☐

Yn benodol, fel y bydda i'n gwybod pan fydda i wedi'i chwblhau?

Ydy	Nac ydy
☐	☐

Yn realistig, yn ymarferol ac yn bosib ei chyflawni?

Ydy	Nac ydy
☐	☐

Sut aeth hi?

Taflen Adolygu

Beth oedd eich cynllun/nod?

Gwnewch nodyn yma:

Os felly:

1. Beth weithiodd yn dda?

2. Beth oedd ddim cystal?

3. Beth ddysgoch chi yn sgil beth ddigwyddodd?

4. Sut rydych chi am ddefnyddio'r hyn ddysgoch chi?

taflen
ar y wefan
www.llttf.com

Diwrnod
Adolygu

Wnaethoch chi roi cynnig arni?

Do   **Naddo**

Os naddo: beth rwystrodd chi?

Pethau mewnol (wedi anghofio, dim digon o amser, osgoi'r peth, ddim yn meddwl y gallwn i ei wneud e, ddim yn gweld y pwynt ac ati).

Pethau allanol (pobl eraill, problemau yn y gwaith/cartref ac ati).

Sut allech chi fynd ati'n wahanol y tro nesaf?

227

Cyflwyniad i Bennod 8

Rydyn ni i gyd eisiau teimlo'n hapusach, on'd y'n ni? Mwynhau pethau, teimlo a byw mewn ffyrdd iach, a gwerthfawrogi'r pethau da o'n cwmpas ni. Ond weithiau gall ymddangos mor anodd. Mae'r bennod hon yn gwneud honiad rhyfeddol – sef bod yna rai pethau y gallwn ni i gyd ddewis eu gwneud a all helpu i ddechrau gwneud i ni deimlo'n hapusach yn syth bìn. Mae pob un o'r pethau hyn yn gamau bach, hawdd eu cyflawni, sy'n gallu cael effaith rymus ar sut rydyn ni'n teimlo.

Ond mae sefydlu arferion newydd yn gallu bod yn anodd. Meddyliwch yn ôl i ddechrau'r flwyddyn a'r holl addunedau hynny rydyn ni i gyd yn eu gwneud – ac yn aml yn methu eu cadw. Beth oedd yn gyfrifol am dorri'r adduned? Bod yn afrealistig? Ceisio gwneud y cyfan ar eich pen eich hun o bosib? Hwyrach eich bod yn cosbi'ch hun yn feddyliol am faglu? Mae cymaint o bethau all ei gwneud yn anodd i ni newid. Dyna pam mae'r bennod hon – fel yr holl benodau eraill – yn gorffen gyda'r syniad o greu cynllun. Mae cael Cynllun yn rhoi cyfeiriad i chi. Mae'n eich helpu i gynllunio beth fyddwch chi'n ei wneud a phryd fyddwch chi'n ei wneud e. Mae'r patrwm hwn – *Cynllunio, Gwneud* ac *Adolygu* (gan ddefnyddio'r taflenni Cynllunio a'r taflenni Adolygu) – yn un y gallwch ei ddefnyddio er mwyn bwrw 'mlaen â gwersi'r bennod hon, y llyfr hwn a'r cwrs cysylltiedig.

Felly, wrth i ni ddod at y pwnc olaf hwn, cofiwch fod gennych chi ddewisiadau a rheolaeth wrth i chi gamu 'mlaen gyda'ch bywyd. Defnyddiwch y taflenni Cynllunio a'r taflenni Adolygu i'ch helpu i greu cynlluniau effeithiol, er mwyn i chi symud 'mlaen i ddysgu drwy'r adeg. Trwy wneud hynny, byddwch yn camu 'mlaen go iawn i fyw bywyd i'r eithaf.

10 PETH Y GALLWCH EU GWNEUD I DEIMLO'N HAPUSACH YN SYTH BÌN

(ar gyfer yr adegau pan fydd arnoch chi angen rhai pethau ymarferol i wneud gwahaniaeth ar unwaith)

Dim meddygon

Dim tabledi

Dim alcohol

Dim cyffuriau

Dim loncian

Dim campfa

Dim deiet

Dim atchwanegion

Dim pregethu

Dim poen

Gallwch ddechrau teimlo'n well cyn pen tua 10 munud

Fel llawer o bobl eraill, dydych chi ddim yn teimlo gant y cant ar hyn o bryd.

Does gennych chi fawr o egni. Rydych chi'n teimlo'n ddiflas o bryd i'w gilydd. Rydych chi'n credu y gallai bywyd fod yn well, ond does dim fel petai'n codi'ch calon chi y dyddiau hyn.

Felly, dyma'r newyddion da: gallwch ddechrau teimlo'n well cyn pen ychydig funudau. Y cyfan sydd angen i chi ei wneud yw gorffen darllen y bennod hon a dechrau gwneud mân newidiadau hawdd i'ch arferion bob dydd.

Mwy o stwff da

PEIDIWCH Â CHYNHYRFU!

Dyw brocoli ddim yn rhan o'r ateb

Bydd *raid* i chi godi oddi ar y soffa a cherdded o gwmpas am ychydig. Bydd raid i chi hefyd wrthod byrgyr neu ddau – ond fydd dim angen i chi wisgo siorts Lycra, ac rydyn ni'n addo peidio â'ch gorfodi i fod yn llysieuwr.

Dyma fel y mae hi: mae yna bethau y gallwch eu gwneud a phethau y gallwch eu bwyta all *wneud i chi deimlo'n hapusach yn syth bin*.

Ac yn rhyfeddol, gall rhai bwydydd eich helpu i wynebu'r diwrnod. Mae rhai gweithgareddau'n rhoi hwb sylweddol i chi – yn syth i'r ymennydd.

Wrth gyfuno'r ddau beth – bwyta a gwneud pethau penodol – gall y teimladau diflas hynny wella'n raddol (heb sôn am wella eich croen a cholli peth o'r pwysau ychwanegol yna, hyd yn oed).

Ac mae'n hawdd. Dim ond cyflwyno deg newid bach i'ch arferion bob dydd sy'n rhaid i chi ei wneud.

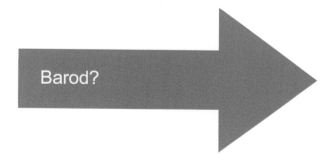

Barod?

10

NEWID BACH HAWDD

1. Dim Grisiau Symudol

2. Banana i Bawb o Bobl y Byd

3. Gwisgo'ch Sbectol Ryfeddol

4. Smŵddis Moes Mwy

5. Da 'Di Uwd

6. Anadlu'n Drwm

7. Gwnewch Nodyn o Hyn

8. Ta Ta Tecawê

9. Gwnewch Rywbeth i Rywun Arall

10. Y Rhestr Hapus

Ymlaen at y newid bach hawdd cyntaf

DIM GRISIAU SYMUDOL

Trowch eich cefn ar lifftiau a grisiau symudol

Mae ymarfer corff yn dda i chi. Mor dda yn wir fel y bydd eich corff yn 'diolch' i chi pan fyddwch chi'n ei wneud e trwy hybu'r cemegion hapus yn eich ymennydd.

Ond pwy sydd â'r amser a'r arian i fynd i'r gampfa?

Yn hytrach, beth am ddringo'r grisiau yn lle defnyddio'r lifft neu'r grisiau symudol wrth fynd i siopa, yn y gwaith neu yn yr ysgol?

Dringo'r grisiau yw un o'r ffyrdd gorau i fod yn fwy heini a llenwi'ch pen â'r stwff hapus yna. Yn wir, mae defnyddio'r grisiau bob dydd am flwyddyn yn gyfystyr â dringo mynydd uchel. Mae'n olygfa arbennig, on'd yw hi?

Penderfynwch wneud hyn y tro nesaf yr ewch chi allan. Yna, penderfynwch eich bod am ddal ati a dringo'r grisiau bob tro. Bydd eich ymennydd yn mynd yn hapusach ac yn hapusach.

Ac wrth ddringo'r grisiau yn y ganolfan siopa, dyma beth ddylech chi ei brynu…

BANANA I BAWB O BOBL Y BYD

Dyw mwncïod ddim yn dwp

Ydych chi erioed wedi gweld mwnci sy'n dioddef o iselder?

Does dim llawer o bobl yn gwybod hyn, ond mae banana'n gallu helpu i gynhyrchu'r un cemegyn hapus yn eich pen â philsen. Maen nhw hefyd yn rhoi cyflenwad cyson o egni i chi. Ac mae bananas ar gael heb bresgripsiwn.

Byddwch yn onest – go brin fod yna ffordd haws o deimlo fymryn yn well.

1. Bwytewch fanana.
2. A dyna ni. Bwytewch fanana.

Mae un y dydd yn dda, a dyma ffordd hyd yn oed yn well o gryfhau'r teimladau da hynny – cerddwch i'r siop a defnyddio'r grisiau pan fyddwch chi'n mynd i brynu'ch bananas.

Newid bach hawdd rhif 3 nesaf

GWISGO'CH SBECTOL RYFEDDOL

Edrychwch o'ch cwmpas – mae'r byd yn rhyfeddol

Pryd oedd y tro diwethaf i chi fynd allan ac edrych go iawn ar yr hyn sydd o'ch cwmpas? Y gwynt, y cynhesrwydd, yr oerfel, y glaw, y coed, y blodau, y siopau a'r awyr.

Wrth i chi stopio a meddwl, mae'r byd yn llawn pethau sy'n gwneud i chi ddweud 'Waw!'

Mae pobl sydd wedi bod trwy amserau caled iawn yn aml yn dweud eu bod nhw'n gwerthfawrogi pethau roedden nhw'n arfer eu cymryd yn ganiataol. Felly, gwisgwch eich sbectol ryfeddol i weld y byd yn ei holl ogoniant.

Gorau oll os gallwch chi wneud hyn gyda ffrind. Ewch am dro gyda'ch gilydd, siaradwch am y dyddiau da, a chyn hir bydd llwyth o gemegion hapus yn tasgu drwy'ch ymennydd!

PROFWCH HYN

Defnyddiwch y dudalen hon i sgorio'ch hwyliau cyn ac ar ôl eich taith gerdded WAW.

Defnyddiwch hi i ddarganfod effaith eich taith gerdded WAW arnoch chi.

taflen ar y wefan www.llttf.com

Sgorio'ch hwyliau

(cyn mynd am dro)

Hapusrwydd				Tic
Tensiwn neu orbryder				Tic
Agosatrwydd at eraill				Tic

Hapusrwydd				Tic
Tensiwn neu orbryder				Tic
Agosatrwydd at eraill				Tic

Sgorio'ch hwyliau

(ar ôl bod am dro)

Newid bach hawdd 4

SMŴDDIS MOES MWY

Wedi diflasu clywed am 5 y dydd?

Hyd yn oed os ydych chi'n hoffi ffrwythau a llysiau, mae'n anodd bwyta pum dogn y dydd.

Yn anffodus, mae gwir angen cymaint â hynny o ffeibr arnoch chi. Hebddo, bydd eich system yn blocio a byddwch yn teimlo'n swrth a thrist.

Felly, dyma ffordd wych o fynd ati – yfwch smŵddis. Ffrwythau a llysiau wedi eu mathru neu eu stwnsio ydyn nhw mewn gwirionedd, ac fel arfer maen nhw'n cynnwys y rhan fwyaf o'r pethau da, maethlon. Bydd un gwydraid y dydd yn wych i ddechrau. Prynwch gymysgydd i wneud eich diodydd eich hun er mwyn i chi gael amrywiaeth.

Barod? Ewch am dro sionc i'r siop i brynu'ch hoff ffrwythau a llysiau. Cerddwch yn sionc adref cyn cymysgu, stwnsio a mwynhau'r cynhwysion, a theimlo'n reit falch ohonoch chi'ch hun.

Oes gennych chi ddiabetes, neu ydych chi'n ceisio colli pwysau? Dewiswch ffrwythau isel mewn siwgr fel aeron, ceirios, afalau, grawnwin, gellyg, bricyll, mefus, eirin ac wrth gwrs bananas (sy'n cynnwys llai fyth o siwgr pan nad ydyn nhw wedi aeddfedu).

DA 'DI UWD

Brecwast da, diwrnod da

Mae'n rhyfeddol ond yn wir. Heb frecwast, dydy'ch corff chi ddim yn cael y dechrau iawn i'r diwrnod – mae'n pwdu drwy'r dydd gan fynnu coffi a byrbrydau a bydd yn aml wedi rhoi cur pen i chi erbyn amser cinio.

Ond wrth fwyta dysglaid o uwd neu fiwsli bob bore, fyddwch chi ddim angen yr holl fyrbrydau yna wedyn; bydd y system dreulio'n gweithio'n well ac fe gewch chi ddechrau da i'ch diwrnod.

Mae uwd a miwsli yn gweithio fel – sut ddwedwn ni – dadflocwyr draeniau. Ar ôl ychydig ddyddiau maen nhw'n clirio'ch system yn llwyr ac rydych chi'n teimlo ganwaith gwell.

Cerddwch yn sionc i'r siop gornel i'w prynu nhw – nawr.

ANADLU'N DRWM

Cyflymwch!

Rydych chi eisoes yn gwneud ymarfer corff.
Os ydych chi'n gwneud gwaith tŷ, mae hynny'n
ymarfer corff. Pan fyddwch chi'n golchi'r car neu'n
garddio, mae hynny hefyd yn ymarfer corff. Pan
fyddwch chi'n codi neu'n symud pethau yn y
gwaith, mae hynny'n ymarfer corff.

Felly pam nad ydych chi'n teimlo'n well? Am nad
ydych chi'n ei wneud e'n ddigon cyflym. Dim ond
pan fyddwch chi allan o wynt, a'ch calon yn curo'n
gyflymach, y mae ymarfer corff yn gweithio go
iawn ac yn cynhyrchu cemegion hapus.

Felly gwnewch eich gwaith tŷ'n gyflymach.
Golchwch y car yn gyflymach. Ewch am dro sionc
am ryw 20–30 munud. Symudwch y ffeiliau neu'r
bocsys yna'n gyflym (ond cymerwch ofal rhag
mentro gormod neu anafu'ch hun, wrth gwrs).

A thra ydych chi wrthi...

Gallech roi cynnig
ar y syniad nesaf

GWNEWCH NODYN O HYN

Peidiwch â diodde'n dawel

Mae cerddoriaeth yn codi'ch calon chi. Amlwg? Felly pam ydych chi'n eistedd mewn tawelwch? Y cwbl yw tawelwch yw gofod i feddwl am eich holl bryderon.

Chwaraewch eich hoff gerddoriaeth. Gwnewch hynny nawr. Chwaraewch gerddoriaeth wrth wneud ymarfer corff a mynd allan o wynt, a bydd yn hyrddio hyd yn oed mwy o deimladau hapus i'ch ymennydd.

Chwaraewch gerddoriaeth wrth gerdded yn sionc i'r siop. Chwaraewch gerddoriaeth wrth eistedd ac ymlacio. Ewch ati i greu rhestr o gerddoriaeth 'hapus' ar gyfer yr adegau hynny pan fydd angen rhywfaint o hwb arnoch chi.

Ond peidiwch â chwarae cerddoriaeth drist, neu gerddoriaeth sy'n eich atgoffa o gyfnodau anhapus. Dewiswch ganeuon llon a llawen ac fe gewch chi hwb yn syth bìn.

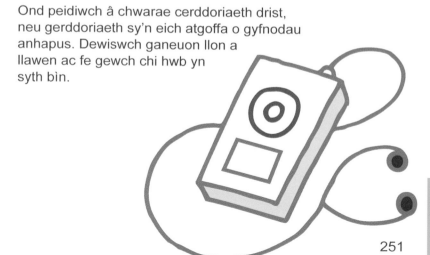

TA TA TECAWÊ

Mae hwn yn arbed arian hefyd

Mae bwyta gormod o fwydydd parod neu fwydydd tecawê yn ffordd wych o deimlo'n isel.

Welsoch chi'r arbrawf yna lle'r oedd dyn yn bwyta dim byd ond bwydydd parod? O fewn wythnos neu ddwy, roedd e'n teimlo'n isel ac yn wirioneddol afiach.

Felly dyma beth allwch chi ei wneud: bwytewch un byrgyr neu bryd tecawê yn llai bob wythnos. Dim ond un. Yn ei le, ewch ati i goginio pryd o fwyd i chi'ch hun (byddai rhywbeth hawdd fel ffa pob ar dost yn gwneud y tro yn iawn).

Fydd e ddim yn newid eich bywyd ar unwaith, ond o'i wneud law yn llaw â gwneud rhagor o ymarfer corff a bwyta'n iach, byddwch yn dechrau teimlo'n ysgafnach, yn fwy heini ac yn hapusach. Ac yn arbed arian ar yr un pryd.

Newid bach hawdd 9

GWNEWCH RYWBETH I RYWUN ARALL

Nid beth wnewch chi sy'n bwysig – ond i bwy

Gwnewch gymwynas fach garedig â rhywun arall, bob dydd, ac fe fyddwch chi'n teimlo hyd yn oed yn well nag y byddan nhw. Yn anad dim, byddwch yn teimlo'n dda yn syth bìn.

Does dim rhaid iddo fod yn beth mawr fel rhoi help llaw o dro i dro mewn cegin gawl neu ganolfan galw heibio (er y byddai hynny'n wych wrth gwrs).

Mae'n llawn mor hawdd i chi godi'ch ysbryd trwy helpu rhywun gyda'i waith, ysgrifennu llythyr o ddiolch i rywun am fod yn ffrind i chi, coginio pryd o fwyd, neu dreulio amser gyda rhywun sydd ag angen cwmni.

Felly, eisteddwch i lawr ac ewch ati i gynllunio un neu ddau o bethau defnyddiol rydych chi am eu gwneud dros bobl eraill yr wythnos hon. Fe fyddan nhw'n teimlo'n dda, ond byddwch chi'n teimlo'n well fyth!

Y syniad olaf sy'n dod nesaf

Newid bach hawdd 10

Y RHESTR HAPUS

Cofiwch y pethau da

Pan fyddwch chi'n teimlo'n isel mae'n hawdd anghofio am y pethau da – yr adegau hynny pan ydych chi wedi llwyddo gyda rhywbeth, y dyddiau da gyda ffrindiau, pethau sy'n gwneud i chi wenu, a'r adegau pan wnaethoch chi rywbeth i helpu rhywun arall.

Felly cofiwch amdanyn nhw. Bob nos, eisteddwch i lawr a gwnewch nodyn o dri pheth:

- Rhywbeth rydych chi wedi'i fwynhau.
- Rhywbeth oedd, yn eich barn chi, yn werth chweil.
- Rhywbeth oedd yn help i chi deimlo'n agosach at rywun arall.

Oes gennych chi rywbeth i fod yn ddiolchgar amdano? Ar ôl ychydig ddyddiau, bydd gennych chi restr o bethau gwych y gallwch edrych yn ôl arnyn nhw ac a fydd yn eich helpu i deimlo'n llawer gwell.

Mae'r pethau rydych chi'n meddwl amdanyn nhw'n effeithio ar sut rydych chi'n teimlo. Wrth ganolbwyntio ar y pethau da, fe fyddwch chi'n teimlo'n llawer hapusach!

Rhowch gynnig arni

FY
NYDDIAU
DA

Rhestrwch bopeth rydych chi wedi'i fwynhau, pethau oedd yn teimlo'n werth chweil, neu sydd wedi'ch helpu i deimlo'n agosach at rywun arall.

Faint ohonyn nhw sy'n cyd-fynd â'ch gwerthoedd/delfrydau o ran sut hoffech chi fyw eich bywyd? Oes unrhyw beth rydych chi'n ddiolchgar amdano?

FELLY, BAROD AMDANI?

Bachwch fanana

Ar ddechrau'r bennod hon, fe wnaethon ni addo y gallech chi ddechrau teimlo'n well mewn deg munud. Mae'n hamser ni ar ben, felly dyma beth sydd angen i chi ei wneud – creu cynllun a dechrau arni.

Dewiswch un peth bach ac yna defnyddiwch y daflen Cynllunio ar dudalennau 262–263 i roi'r dechrau gorau posib i chi.

Os yw'n olau dydd, ewch allan am dro sionc i siop y gornel i brynu bananas. Yna taith sionc adref i'w bwyta.

Os yw hi wedi nosi a'r siopau wedi cau, cerddwch i fyny ac i lawr y grisiau am ddeg munud os gallwch chi, neu'n ddigon hir i wneud i'ch calon guro fel gordd.

Beth bynnag wnewch chi, byddwch yn gwybod eich bod chi'n gwneud newidiadau sy'n gwneud gwahaniaeth.

Ar ôl i chi orffen, defnyddiwch y daflen Adolygu ar dudalennau 264–265 i weld pa hwyl rydych chi'n ei chael arni.

Gwnewch gynllun!

1. Beth ydw i'n mynd i'w wneud?

2. Pryd ydw i'n mynd i'w wneud e?

3. Pa broblemau neu anawsterau allai godi, a sut alla i eu goresgyn nhw?

Ydy'r dasg dwi wedi'i chynllunio –

Yn fy helpu i ddeall neu
newid fy hun?

Ydy **Nac ydy**

Yn benodol, fel y bydda i'n
gwybod pan fydda i wedi'i
chwblhau?

Ydy **Nac ydy**

Yn realistig, yn ymarferol
ac yn bosib ei chyflawni?

Ydy **Nac ydy**

FY NGHYNLLUN
1 ____
2 ____
3 ____

Sut aeth hi?

Beth oedd eich cynllun/nod?

Gwnewch nodyn yma:

Os felly:

1. Beth weithiodd yn dda?

2. Beth oedd ddim cystal?

3. Beth ddysgoch chi yn sgil beth ddigwyddodd?

4. Sut rydych chi am ddefnyddio'r hyn ddysgoch chi?

taflen
ar y wefan
www.llttf.com

Wnaethoch chi roi cynnig arni?

Do **Naddo**

Os naddo: beth rwystrodd chi?

Pethau mewnol (wedi anghofio, dim digon o amser, osgoi'r peth, ddim yn meddwl y gallwn i ei wneud e, ddim yn gweld y pwynt ac ati).

Pethau allanol (pobl eraill, problemau yn y gwaith/cartref ac ati).

Sut allech chi fynd ati'n wahanol y tro nesaf?

265

BLE I GAEL MWY FYTH O GYMORTH

(ond dim brocoli)

Am ragor o gynghorion ar deimlo'n well, ewch i www.llttf.com. Mae e am ddim a dyma'r adnodd mwyaf poblogaidd ar gyfer hwyliau isel a gorbryder sy'n cael ei argymell gan dimau ac Ymddiriedolaethau'r Gwasanaeth Iechyd Gwladol.* Mae'n llawn dop o syniadau ar sut i wella'ch hwyliau a dechrau byw bywyd hapusach ac iachach.

Mae'n cynnwys dolenni fel y gallwch chi gysylltu â phobl eraill sydd hefyd yn gwneud newidiadau i'w bywydau nhw.

A pheidiwch â phoeni – y tro diwethaf i ni edrych, prin iawn oedd y cyfeiriadau at lysiau.

*Bennion et al, 2017. BMJ Open http://bmjopen.bmj.com/content/7/1/e014844